JAN ASSMANN

Totale Religion

Gedruckt nach der Richtlinie des Österreichischen Umweltzeichens „Druckerzeugnisse“, Christian Theiss GmbH, Nr. 869

MIX
Papier aus verantwortungsvollen Quellen
FSC® C012536

3. Auflage 2018

Grafische Gestaltung: Dorothea Löcker, Wien
Druck und Verarbeitung:
Christian Theiss GmbH, St. Stefan im Lavanttal
ISBN 978-3-7117-2045-0

Informationen über das aktuelle Programm
des Picus Verlags und Veranstaltungen unter
www.picus.at

JAN ASSMANN

Totale Religion

Ursprünge und Formen puritanischer Verschärfung

PICUS VERLAG WIEN

Für Jan-Heiner Tück

INHALT

VORWORT

Im Jahre 2004 hielt ich im Wiener Rathaus auf Einladung Hubert Christian Ehalts eine Vorlesung über »Monotheismus und die Sprache der Gewalt«, die zwei Jahre später in der Reihe *Wiener Vorlesungen* im Picus Verlag erschien. Die ungeahnte Aktualität, die dieses Thema in den vergangenen zwölf Jahren gewonnen hat und die Debatten, die sich um das Thema »Monotheismus und Gewalt« entfaltet haben[1], in deren Verlauf sich naturgemäß auch meine Position in diesen Fragen weiterentwickelt hat, ließen es sinnvoll erscheinen, die kleine Schrift nach der inzwischen vergriffenen 6. Auflage nicht noch einmal nachzudrucken, sondern durch ein Buch zu ersetzen, das sich dem Thema in wesentlich erweitertem Rahmen widmet. In das erste Kapitel sind Teile der damaligen Vorlesung eingegangen und im Licht neuer Forschungen ergänzt worden. Das zweite Kapitel, das den Widerstand beleuchtet, den die neue Religion der herrschenden Religion entgegensetzt und mit dem sie ihrerseits von dieser Seite konfrontiert wird, beruht zu Teilen auf dem 9. Kapitel meines Buches »Exodus. Die Revolution der Alten Welt« (2015). Dem dritten Kapitel schließlich, in dem es um die Beziehung zwischen Worten und Taten, einer Sprache der Gewalt und deren praktischer Umsetzung geht, liegen Studien zu

1 Siehe hierzu vor allem Rolf Schieder, Die Gewalt des Einen Gottes, Berlin 2014.

den Makkabäerkriegen[2] und zur Frage eines religiösen Totalitarismus[3] zugrunde.

Ich danke Hubert Christian Ehalt für die Einladung, die den Anstoß zu dieser Arbeit gegeben hat, dem Picus Verlag, insbesondere Alexander Potyka und Barbara Giller, der die damalige kleine Publikation durch viele Auflagen hindurch präsent gehalten sowie die jetzige Ausarbeitung angeregt und betreut hat und schließlich auch dem Internationalen Forschungszentrum Kulturwissenschaft (IFK) Wien, das mich 2004 für ein Semester einlud und 2016 durch eine Aleida Assmann gewährte Fellowship auch meinen jetzigen Aufenthalt in Wien ermöglicht hat. Besonders dankbar bin ich auch dem Dogmatiker der Katholisch-Theologischen Fakultät der Universität Wien, Jan-Heiner Tück, der mich in den letzten Jahren regelmäßig zu Tagungen, Gesprächen und Vorträgen nach Wien geholt und mir dadurch Gelegenheit gegeben hat, die hier behandelten Themen und Thesen immer wieder neu zu durchdenken und zu entwickeln. Ihm ist daher dieses Buch gewidmet.

Jan Assmann
Wien, im April 2016

---

2 »Martyrdom, Violence, and Immortality: The Origins of a Religious Complex«, in: Gabriela Signori (Hg.), Dying for the Faith, Killing for the Faith. Old-Testament Faith-Warriors (1 and 2 Maccabees) in Historical Perspective, Leiden, Boston 2012, 39–59. »Martyrium, Gewalt, Unsterblichkeit. Die Ursprünge eines religiösen Syndroms«, in: Jan-Heiner Tück (Hg.), Sterben für Gott – Töten für Gott? Religion, Martyrium und Gewalt, Freiburg 2015, 122–147.

3 »Gotteszorn und Apokalypse. Über den Ernstfall totaler Religionen«, in: Zeitschrift für Ideengeschichte VI/3, 2012, 67–82.

EINLEITUNG
POLYTHEISMUS UND DIE SPRACHE DER GEWALT

Die Sprache der Gewalt ist kein Spezifikum des Monotheismus. Sie findet sich auch in den Texten polytheistischer Religionen in reicher Fülle. Ein besonders drastisches Beispiel bieten die ägyptischen Rituale zur Vernichtung von Gottesfeinden, etwa das »Ritual, Apopis zu fällen«.[4] Auf diesen Text möchte ich einleitend etwas näher eingehen, um von vornherein klarzustellen, in welchem Sinne der Begriff einer religiösen Sprache der Gewalt in diesem Buch *nicht* gemeint ist. In der altägyptischen Vorstellungswelt ist Apopis eine riesige Wasserschlange, die sich Tag für Tag dem Sonnengott bei seiner Barkenfahrt über den Himmel entgegenstellt und damit droht, den Himmelsozean auszusaufen und die Sonnenbarke auf Sand laufen zu lassen. In dieser Schlange verkörpert sich eine Gravitation zu Chaos, Stillstand und Auflösung, gegen die der geordnete Lauf der Welt unablässig durchgesetzt werden muss. Diesem Kampf der Götter gegen das Chaos schauen die Menschen nicht gleichgültig zu, denn von seinem Ausgang hängt ihr Wohlergehen ab. Der Sonnenlauf wird daher auf Erden mit Riten begleitet, die einen doppelten Sinn haben: den Sonnengott zu preisen und Apopis zu bekämpfen. »Man

4 Das sogenannte »Apopisbuch«: R.O. Faulkner ed., The Papyrus Bremner-Rhind (B.M. 10188), Bibliotheca Aegyptiaca III, Brüssel 1933, 42–93.

jubelt der Uräusschlange zu und speit auf Apopis«, lehrt der weise Amenemope.[5] Dem Sonnengott gelten Liebe, Entzücken, hingerissene Bewunderung; dem Apopis dagegen Hass, Abscheu und blanke Vernichtungswut.

Eines dieser Hassrituale gegen Apopis ist uns erhalten. Es handelt sich um einen für ägyptische Verhältnisse auffallend umfangreichen Text (52 Seiten autografierter Hieroglyphentext in der Edition Faulkner) und eine wahre Orgie an gewalttätigen Vernichtungsfantasien, die sich aber nicht auf einen irdischen, politischen Feind, sondern gegen ein Wachsbild des kosmischen Feindes richten, das in jeder erdenklichen Weise malträtiert und schließlich im Feuer vernichtet wird. Der erste Spruch wird rezitiert: »Auf Apopis zu spucken«, der zweite: »Die Harpune zu nehmen, um Apopis zu treffen«, der dritte: »Apopis zu binden«, der vierte: »das Messer zu nehmen, um Apopis zu stechen«, der fünfte: »Feuer an Apopis zu legen«, der sechste; »Apopis ins Feuer zu werfen« und so weiter. Die begleitenden Sprüche sind ein Musterbeispiel von »hate speech«. Es handelt sich um endlose Tiraden des Hasses und Vernichtungswunschs, die gegen den kosmischen Feind geschleudert werden. Das Ganze soll morgens, mittags, abends, nachts, sogar zu jeder Stunde rezitiert werden, natürlich auch an den hohen Festtagen und auch bei Bedarf, das heißt bei Sturm, Bewölkung, Unwetter, wenn sich der Osthimmel rötet oder ein Gewitter aufzieht. Auf diese Weise wird der Sonnenfeind abgewehrt und der Sonnenlauf in Gang gehalten. Dieses Ritual hat aber nicht nur eine kosmische, sondern auch eine

5 Papyrus BM 10474, X, 19–20. Die Uräusschlange ist das Herrschaftssymbol des Sonnengottes und des Pharao.

politische Bedeutung. Der ganze Text ist durchgängig auf dem Parallelismus von Kosmos und Königtum aufgebaut. Die Unterscheidung von Freund und Feind wird in die Götterwelt projiziert und mit dem Wirken des Sonnengottes in Parallele gesetzt, der ebenfalls zwischen Freund und Feind unterscheidet, indem er seine lebensschaffende Wärme und Leuchtkraft den Guten zuwendet und seine vernichtende Glut gegen den Bösen richtet. Die Feinde Pharaos werden mit dem Sonnenfeind gleichgesetzt und dessen Schicksal ausgeliefert. Was Pharao dem Sonnenfeind antut, wird gleicherweise den Feinden Pharaos angetan. »Komm zu Pharao, Re, fälle ihm seine Feinde wie er dir Apopis gefällt und dir den Bösartigen bestraft hat«[6]; »Siehe, Pharao vertreibt dir alle deine Feinde, Re, vertreibe du auch alle seine Feinde unter Lebenden und Toten«[7]. Alle Kampfhandlungen von Göttern, die am Kampf gegen Apopis teilnehmen, um ihn mit Schwert und Feuer zu vernichten, richten sich gleichzeitig auch gegen die Feinde Pharaos. »Horus nimmt seine Harpune von Erz, um die Köpfe der Feinde des Re und der Feinde Pharaos zu zerschmettern«[8], »die Schlächter nehmen ihre Messer, um die Feinde des Re zu fällen, um die Feinde Pharaos zu fällen«[9] – so ist völlig klar, dass dieses Vernichtungsritual zugleich mit der kosmischen auch die politische »Wohlfahrt« befördert und mit dem Sonnenlauf auch die pharaonische Herrschaft in Gang hält. Entsprechende Rituale gelten auch dem Gott

6 pBM 10188, 22.4.
7 pBM 10188, 22.6.
8 Ebenda, Spruch 2.
9 Ebenda, Spruch 4.

Seth, dem Mörder des Osiris, den die Griechen dem Typhon gleichsetzten.[10] Daher die Furcht, dass die äußeren und inneren Feinde die Oberhand gewinnen, wenn die Wachsfiguren des Apopis-Drachens und des Seth-Typhon einmal nicht vorschriftsmäßig malträtiert werden:

Wenn man die Osiris-Zeremonien vernachlässigt
zu ihrer Zeit an diesem Ort [...]
dann wird das Land seiner Gesetze beraubt sein
und der Pöbel wird seine Oberen im Stich lassen
und es gibt keine Befehle für die Menge.
Wenn man den Feind nicht köpft, den man vor sich hat
aus Wachs, auf Papyrus oder aus Holz nach den Vorschriften des Rituals,
dann werden sich die Fremdländer gegen Ägypten empören
und Bürgerkrieg und Revolution im ganzen Land entstehen.
Man wird auf den König in seinem Palast nicht hören
und das Land wird seiner Schutzwehr beraubt sein.[11]

Solche Rituale, in deren begleitenden Rezitationen auf krasseste Weise Hass und Vernichtungsfantasien zum Ausdruck

10 Zu Hassritualen gegen Seth siehe Viktoria Altmann, Die Kultfrevel des Seth – Die Gefährdung der göttlichen Ordnung in zwei Vernichtungsritualen der ägyptischen Spätzeit (Urk. VI), SSR 1, Wiesbaden 2010; Norman Fiedler, Sprüche gegen Seth. Bemerkungen zu drei späten Tempelritualen, Diss. Heidelberg 2011.

11 Pap. Jumilhac XVII,19–XVIII,11: Es handelt sich um eine wesentlich längere Darstellung des Zusammenhangs zwischen Riten und kosmischer wie politischer Ordnung, aus der oben nur einige Sätze zitiert wurden. J. Vandier, Le Papyrus Jumilhac, Paris 1960, 129f.

kommen, hat es im Alten Ägypten in Fülle gegeben und in anderen »poly-« oder »kosmotheistischen« Religionen wird es nicht viel anders aussehen. Warum also gerade die dem Monotheismus eigentümliche Sprache der Gewalt zum Thema machen? Dazu möchte ich einleitend einige Punkte hervorheben, die mir wichtig erscheinen:

Die Sprache der Gewalt ist in den ägyptischen Texten strikt rituell gerahmt. Es handelt sich um symbolische Gewalt, die nicht an Menschen, sondern an Wachsfiguren und ähnlichen Bildern ausagiert wird. Adressaten dieser Hassreden sind Götterfeinde wie der Sonnenfeind Apopis und der Osiris-Feind Seth, in denen die Angst vor kosmischer Auflösung und politischem Zerfall Gestalt gewinnen. Rituale, die Angst, Hass und Feindschaft auf symbolische Weise ausagieren, gehören zu einem magisch-mythischen Weltbild, das durch den biblischen Monotheismus aus den Angeln gehoben wird. Der biblische Glaube an den Schöpfergott befreit von der ägyptischen Sorge, dass ohne Staat und Kult die Welt aus den Fugen geraten würde. Daher sollten Angst, Hass und Gewalt in dieser neuen Religion keinen Platz haben.

Indem der biblische Monotheismus Recht und Moral zu Gegenständen der Offenbarung macht und damit in das Zentrum der Beziehung zwischen Gott und Volk, Gott und Mensch rückt, hebt er die Grenze zwischen Ritual und Lebenswelt auf. Die biblischen Propheten werden nicht müde, immer wieder darauf hinzuweisen, dass nicht Opferkult und Feste das Volk mit Gott versöhnen und wohlgefällig machen, sondern ein Leben in Frieden und Gerechtigkeit, in treuer Befolgung der ihm gegebenen Gebote. Nicht allein der Kult, sondern das ganze Leben soll Gottesdienst sein. Damit ist ein entdifferenzierendes, totalisierendes Element in die Kultur gekommen, das in der deuteronomistischen Tradition zum ersten Mal geschichtlich hervortritt und in vielen späteren Formen von radikalem Puritanismus bis heute lebendig ist.[12] Alle Bereiche der Kultur wie Recht, Politik, Wirtschaft, Wissenschaft und Kunst werden der Tendenz nach von der Religion in den Dienst genommen. Damit verlässt auch die rituelle Sprache der Gewalt den Bereich des Kults und dringt in andere Bereiche der Lebenswelt ein (siehe hierzu das dritte Kapitel).

Das frühe Judentum ist in einem Akt revolutionärer Abkehr aus einer Religion hervorgegangen, die es mit den Metaphern des Ehebruchs und der Hurerei als unrein, treulos und sündhaft anklagt (zum Beispiel Lev 17,7; Hos 3,3; Hos 4,10.11–15.18; Hos 5,3; Hos 9,1, Ezechiel widmet zwei ganze Kapitel, 16 und 23, diesem Thema). Dieser Akt, der im Jahre 622 vor Christus stattgefunden haben soll, wird im 2. Buch der Könige geschildert und mit König Joschija verbunden. Wie immer man die Historizität der »Joschijanischen Kultreform« einschätzen will, in

12 In seiner Schrift »Im Schatten des Sinai. Fußnote über Ursprünge und Wandlungen totaler Mitgliedschaft« (Berlin 2014), die inhaltlich mit vielen der in diesem Buch geäußerten Gedanken Berührungspunkte hat, bringt auch der Philosoph Peter Sloterdijk mit der ihm eigenen Sprachgewalt die biblische Bundestheologie beziehungsweise »sinaitische Konstitution« mit der Kategorie des Totalen in Verbindung. Die Formen religiöser Vergemeinschaftung behandelt in der Nachfolge Max Webers Helmut Zander, »Europäische Religionsgeschichte. Religiöse Zugehörigkeit durch Entscheidung – Konsequenzen im interkulturellen Vergleich«, Berlin/Boston 2016.

ihrer sprachlichen Darstellung wird sie mit brutaler Gewalt im Zeichen der Reinheit durchgeführt. Es handelt sich um die erste radikal-puritanische Säuberungsaktion, von der die Geschichte weiß. Gerechtfertigt wird diese Aktion durch den Bezug auf ein »Buch des Mose«, in dem die reine Lehre (Torah) niedergelegt ist, das heißt die von JHWH am Sinai offenbarten Regeln des Bundes und ihre Auslegung. In diesem Buch erblickt man allgemein das Deuteronomium *(Devarîm)*.[13] Der Abkehr der puritanischen Deuteronomisten von der herrschenden Religion ging also in dieser Geschichtsdarstellung die Abkehr der herrschenden Religion von der ursprünglichen Torah des Mose voraus. Der radikale Puritanismus[14] versteht sich in seinen verschiedenen Erscheinungsformen bis heute nicht nur als Abkehr, sondern auch und vor allem als Rückkehr zur Reinheit des Ursprungs (*salaf* im Arabischen).

Reinheit liegt als Ideal allen Religionen zugrunde. In allen gibt es die Unterscheidung rein/unrein. Im Alten Ägyp-

---

13 Karin Finsterbusch, Deuteronomium. Eine Einführung (UTB 3626), Göttingen 2012.

14 Die Begriffe »Puritanismus« und »puritanisch« verwende ich hier nicht nur in Bezug auf den englischen, schottischen und neuenglischen Puritanismus, sondern als Bezeichnung einer nach Reinheit von Lehre und Praxis in religiösen Dingen strebenden Einstellung, die sich in vielen Religionen findet. Unter »radikalem Puritanismus« verstehe ich Erscheinungen, in denen diese Einstellung die Form von Aktionen, Bewegungen und dauerhaften Institutionen annimmt. Beispiel für Ersteres ist die Joschijanische Kultreform, für Zweiteres der englische Puritanismus, der auf der reinen Lehre Calvins bestand, und für das dritte das saudische Königtum, das sich dem radikal-puritanischen Wahhabismus verschrieben hat (so wenig auch sonst die historischen Puritaner und die heutigen Wahhabiten gemein haben). Das deutsche Wort »Ketzer« geht auf eine Bewegung zurück, die den Begriff der Reinheit im Namen führte: die Katharer (von griech. katharos »rein«).

ten ist $w^{c}b$, »der Reine«, der allgemeinste Priestertitel. Das Ideal der Reinheit verbindet sich aber in den »heidnischen« Religionen der alten Welt mit dem Kult und dem Priestertum, das durch eine Fülle von Vorschriften körperlicher und moralischer Reinheit aus der alltäglichen Lebenswelt ausgegrenzt wurde. Puritanismus ist in diesen Religionen undenkbar, weil die Reinheitsgebote allein Kult und Priestertum, aber nicht Kultur und Gesellschaft betreffen. Auch Echnatons Umsturz, der um die Mitte des 14. Jahrhunderts in Ägypten die traditionelle Götterwelt abschaffte, die Tempel schloss, die Priester entließ, die Feste und Riten einstellte, womit zweifellos ein hohes Maß an Gewalt einherging, hat nichts mit einem Ideal von Reinheit zu tun, sondern mit einem neuen Weltbild, das nur noch die eine Sonne als Ursprung von Leben und Wirklichkeit anerkannte. Der prophetische, deuteronomistische Puritanismus, der die Grenze zwischen Kult und Alltag einreißt, weitet die priesterlichen Reinheitsregeln auf das ganze Volk aus: »Ihr sollt mir sein ein Königreich von Priestern und ein heiliges Volk.« (Ex 19,6) »Ihr sollt heilig sein, denn ich bin heilig« (Lev 11,44.45; 20,26). So wie bisher die Priester von der profanen Lebenswelt, sollte sich das ganze Volk Israel von der übrigen Völkerwelt abgrenzen und nach Regeln der Reinheit leben, die ihm allein gegeben wurden. Dieses globale Priesteramt auf sich zu nehmen, erfordert eine ungeheure Entscheidung. Der Bund, den JHWH den Israeliten anbietet, wird immer wieder gebrochen, muss immer wieder erneuert, muss vor allem ständig innerlich nachvollzogen werden. Er fordert einen neuen Menschen und verbindet sich zwar mit großen Verheißungen, aber auch mit einer Gewalt, die der neue Mensch vor allem sich selbst antun muss, um nicht in seinen früheren Zustand zurückzufallen. Dieser innere Nachvollzug der Unterscheidung von Reinheit und Profanität und der Entscheidung für ein Leben im Zeichen der Reinheit erfordert eine Anstrengung, die im Islam *djihad* heißt. Die Religion, die hier entsteht, hebt die traditionelle Einheit von Abstammung, Kultur und Religion aus den Angeln. Dass doch auch das Judentum an seiner ethnischen Definition (Abstammung von Abraham) festhält, ist nicht der Punkt, sondern dass fortan das Prinzip der Zugehörigkeit zur Religion durch das Gesetz definiert wird, sodass zwischen ethnischen und religiösen Juden unterschieden wird und man als Jude geboren sein und trotzdem nicht als Jude im religiösen Sinn gelten kann. Was zählt, ist nicht die Geburt, sondern die Gesetzestreue. So gilt bereits für die Juden, was Tertullian von den Christen gesagt hat: *Fiunt, non nascuntur Iudaei,* Juden werden gemacht, nicht geboren.[15]

Die folgenden Kapitel wollen den Ursprüngen dieses Denkens nachgehen und konzentrieren sich daher auf die Passagen der hebräischen Bibel, in denen erstmals der radikale Puritanismus greifbar wird. Damit steht also weder die gesamte Bibel im Blick, die eine im höchsten Maße vielstimmige und pluralistische Bibliothek ist, noch das, was man im religionswissenschaftlichen Diskurs unter Begriffen wie Judentum, Christentum, Islam oder gar Polytheismus und Monotheismus zusammenfasst. Es geht um eine semantische Formation, die zum ersten Mal in

15 Fiunt, non nascuntur Christiani: Tertullian, Apologeticum 18,4, zitiert nach Zander, Europäische Religionsgeschichte, 132.

bestimmten biblischen Texten greifbar wird und die Welt bis heute in Atem hält.

1
MONOTHEISMUS UND DIE SPRACHE DER GEWALT

CULTURA FACIT SALTUS: RHETORIK DES BRUCHS UND DER RADIKALEN WENDE

Natura non facit saltus – »die Natur macht keine Sprünge«. Dieses Credo Charles Darwins wird Leibniz zugeschrieben; der Gedanke geht auf Aristoteles zurück, Maimonides aber, der große jüdische Philosoph des 12. Jahrhunderts, hat ihn ausgerechnet im Zusammenhang mit Monotheismus und Offenbarung entwickelt.[16] Wenn wir wissen wollen, wie Gott in der Geschichte wirkt, schreibt er, müssen wir schauen, wie er in der Natur wirkt. Hier geht alles in gleitenden Übergängen auseinander hervor. Von einem Extrem kommt man nur durch eine Folge unendlich feiner Übergänge und umständlicher Umwege zum anderen. So hat man sich nach Maimonides auch die Offenbarung vorzustellen: als einen Prozess gleitenden Wandels und natürlichen Wachstums. Evolution, nicht Revolution, ist das Prinzip der Natur und damit auch das Prinzip göttlichen Wirkens. Die Logik gleitender Übergänge zeigt sich in allen »Werken Gottes *(peulot ha-elohijot)* oder der Natur

16 Moreh Nebuchim III, Kap. 32. Vgl. Daniel Krochmalnik, »Der Sinn der Opfer«, in: Der Landesverband der Israelitischen Kultusgemeinden in Bayern 11 (Juni 1997), Nr. 73, 21–24.

(tiw^c ijot)«. Darin besteht die »List«, »Weisheit« und »Strategie« göttlichen Handelns, seine Akkommodation an die irdischen Verhältnisse.[17] Damit destruiert Maimonides die konventionelle Unterscheidung zwischen Natur und Offenbarung. Als geschichtliches Phänomen ist auch die Offenbarung »natürlich gewachsen«. Natürliche und religiöse Evolution gelten Maimonides beide als Offenbarung göttlichen Handels. Die Formel von den »göttlichen oder natürlichen Werken Gottes« nimmt Spinozas *Deus sive Natura* vorweg. Der Gott der Philosophen hat sich seinem Volk zunächst als der Gott der Väter offenbart, um sich seinen rationalen, emotionalen und imaginativen Möglichkeiten anzupassen, aber den Weisen Winke gegeben, hinter dieser Maske die Wahrheit zu ahnen.

Die Kultur gehorcht jedoch anderen Gesetzen.[18] Hier gilt: *Cultura facit saltus.* Es mag ja sein, dass auch die großen kulturellen Wenden und Wandlungen sich in gleitenden Übergängen unmerklich vorbereitet haben. Wahrgenommen, inszeniert und vor allem nachträglich im kulturellen Gedächtnis erinnert werden sie aber als Sprünge. So mag auch der Monotheismus sich in Wirklichkeit allmählich aus dem Polytheismus entwickelt haben. In der biblischen Darstellung aber inszeniert er sich als ein Sprung und revolutionärer Bruch, wie er radikaler gar nicht gedacht werden

17 G. Stroumsa verdanke ich den Hinweis auf F. Dreyfus, La condescendance divine (synkatabasis) comme principe herméneutique de l'Ancien Testament dans la tradition juive et dans la tradition chrétienne, Suppl. to Vetus Testamentum 36 (1985), 96–107.

18 Vgl. Aleida Assmann, Zeit und Tradition. Kulturelle Strategien der Dauer, Köln/Weimar/Wien 1999, 47–53.

kann.[19] Der vierhundertdreißigjährige Aufenthalt Israels in Ägypten löscht jede Kontinuität zur vorhergehenden Väterzeit aus, der Auszug aus Ägypten ist ein Bruch mit allen inzwischen angenommenen ägyptischen Traditionen, die Offenbarung des Gesetzes am Sinai ist ein totaler Neubeginn, das Gegenteil jeder allmählichen Entwicklung, ein wunderbares und in jeder Hinsicht außer-ordentliches Eingreifen Gottes in die Geschichte, das quer zum langsamen Ablauf der Zeiten und zur natürlichen Entwicklung steht und, diese durchschneidend, neue Epochen setzt. So funktioniert die Kultur, was ihre Selbstwahrnehmung, Selbstinszenierung und vor allem ihre Erinnerung angeht. *Cultura facit saltus.*

Der Sprung, um den es hier geht, die Offenbarung, in der Gott sich ein Sklavenvolk aus Ägypten befreit, um es in die vollkommen neue Welt des Gottesbundes einzuführen, ist vermutlich der radikalste Sprung, den die Kultur jemals gemacht hat, handelt es sich doch hier um die Wende vom Poly- zum Monotheismus und zu dem, was wir heute unter »Religion« verstehen. In der biblischen Rückerinnerung der Bücher Exodus bis Deuteronomium hat sie die narrative Form eines alles wendenden Ereignisses angenommen. Aleida Assmann hat in ihrem Buch »Ist die Zeit aus den Fugen?« (2013) die Semantik und Rhetorik des Bruchs als ein besonderes Merkmal der Moderne herausgestellt und schreibt: »Der Urknall der Modernisierung vollzog sich mit dem Auszug aus Ägypten.«[20] Entscheidend

19 Vgl. Verf., Exodus. Die Revolution der Alten Welt, München 2015.

20 Aleida Assmann, Ist die Zeit aus den Fugen? Aufstieg und Fall des Zeitregimes der Moderne, München 2013, 94.

aber für das Verständnis der biblischen Texte, die diesen »Urknall« der Moderne schildern, ist die Kategorie der Nachträglichkeit. Die Offenbarung des Gesetzes am Sinai erging nach biblischer Chronologie im Jahre 2453 der Welt oder 1531 vor Christus.[21] Die verbindliche sprachliche Fassung dieses Ereignisses aber fällt in eine gut tausend Jahre spätere Zeit und lässt sich nur im Rahmen der kulturellen Semantik und der historischen Bedingungen des frühen Judentums verstehen, als es nach der Katastrophe darum ging, das untergegangene »Israel« als religiöses und politisches Gemeinwesen neu zu erfinden. »Das Leben muss im Blick nach vorn gelebt, aber kann nur in der Rückschau verstanden werden.« Dieses Kierkegaard zugeschriebene Gesetz gilt auf individueller wie auf kollektiver Ebene. Mit der Metapher des Urknalls hat Aleida Assmann zugleich auch etwas von der Gewaltsamkeit eingefangen, mit der sich dieser »Sprung« in der verstehenden Rekonstruktion der Erzählung verbindet.

In dieser narrativen Rekonstruktion liegt vielleicht auch der Schlüssel zu dem Problem, das uns hier beschäftigt: Der Monotheismus und die Sprache der Gewalt. Warum beschreiben die biblischen Texte die Gründung und Durchsetzung der monotheistischen Religion in so gewaltsamen Bildern? Haftet der monotheistischen Idee, der ausschließlichen Verehrung eines einzigen Gottes anstelle einer Götterwelt oder der Unterscheidung zwischen wahrer und falscher Religion, einem wahren Gott und den falschen Göttern etwas Gewaltsames an?

21 Nach Jean LeClerc, Historia Universalis a Creatione Mundi ad Caroli Magni Tempus (1696).

Die Aktualität dieser Fragen liegt auf der Hand, denn nicht die Vergangenheit als solche, sondern die Form unserer Erinnerung daran treibt uns um und orientiert unser Handeln. Die »Wiederkehr der Religion«, die wir seit einigen Jahrzehnten erleben, ist in beängstigender Weise mit Gewalt, Bedrohungsbewusstsein, Hass, Angst und der Produktion von Feindbildern verbunden. Daher können wir der Frage nach einem möglichen Zusammenhang zwischen Monotheismus und Gewalt nicht ausweichen.

Ich weiß aber auch nur allzu gut, dass ich mich mit diesem Thema in vermintes Gelände begebe. Seit den Zeiten der Aufklärung, mindestens seit dreihundert Jahren, wird der Bibel und insbesondere dem Alten Testament die Sprache der Gewalt vorgehalten.[22] Viele Argumente der philosophischen Religionskritik sind später von den Antisemiten des 19. und 20. Jahrhunderts beerbt und in antijüdische Klischees wie zum Beispiel die unsägliche Rede vom »alttestamentarischen Rachegott«[23] umgemünzt worden, sodass man heute die biblischen Stellen kaum mehr zitieren kann, ohne nicht sofort in diesem Sinne missverstanden zu werden. Nichts liegt mir jedoch ferner, als diese abgestandene und unfruchtbare Polemik (Stichwort »Aufkläricht«) wieder aufwärmen zu wollen. Andererseits ist das Problem, das diese Passagen darstellen, nicht dadurch

22 Siehe hierzu Daniel Krochmalnik, »Kain – oder religiöse Gewalt und Judentum«, in: Siegfried Grillmeyer, Erik Müller-Zähringer, Johanna Rahner (Hg.), Eins im Eifer? Monismus, Monotheismus und Gewalt, Würzburg 2010, 43–58 (mit weiterer Literatur).

23 Vgl. zum christlichen Klischee vom »Rachegott« des Alten Testaments Bernd Janowski, Ein Gott, der straft und tötet? Zwölf Fragen zum Gottesbild des Alten Testaments, Neukirchen 2013.

zu lösen, dass man sie tabuisiert. Die Sprache der Gewalt in den heiligen Schriften der Juden, Christen, Muslime und vieler anderer auf Offenbarung, Glauben und einen exklusiven Wahrheitsbegriff gegründeter Religionen ist ein Phänomen, das zunächst einmal jenseits aller Polemik und Apologetik verstanden werden will. Das gilt umso mehr, als, wie gesagt, die heutige Welt in bislang unbekanntem und von niemandem vorhergesehenem Umfang von einer Gewalt heimgesucht wird, die sich auf Gott und die heiligen Schriften beruft. Angesichts der aktuellen Weltlage können wir es uns nicht leisten, unsere Augen vor der Frage zu verschließen, ob es vielleicht einen Zusammenhang zwischen dem exklusiven Wahrheitsbegriff des Monotheismus und der Sprache der Gewalt geben könnte und wie dieser Zusammenhang zu analysieren – um nicht zu sagen: zu therapieren – sei. In der Tat hatte ja bereits Sigmund Freud in seinem letzten Buch den Monotheismus gewissermaßen auf die Couch gelegt und einer analytisch-archäologischen Erinnerungsarbeit unterzogen.[24]

Daran möchte ich anknüpfen und versuchen, die biblische Sprache der Gewalt mit aller gebotenen Schonung und Behutsamkeit einer – nicht theologischen, sondern – kulturwissenschaftlichen, historischen Reflexion zu unterziehen. Dabei beziehe ich mich auf etwas, das ich »kulturelle Semantik« nenne, einen Begriff, den ich meinem Buch »Ägypten – eine Sinngeschichte« zugrunde gelegt habe.[25] Darunter verstehe ich die großen Erzählungen und

24 Sigmund Freud, Der Mann Moses und die monotheistische Religion, Amsterdam 1939; Neuausgabe hg. von Jan Assmann, Stuttgart 2010.

25 Verf., Ägypten – eine Sinngeschichte, München 1996.

Leitunterscheidungen, mithilfe derer sich eine Gesellschaft in der Welt und in der Zeit orientiert und die sich in ihren fundierenden Mythen, Symbolen, Bildern und literarischen Texten ausprägt. Kulturelle Semantiken verändern und überlagern sich; man darf sich darunter kein monolithisches, wasserdichtes Gehäuse vorstellen. Dennoch bestimmen sie das Handeln und Erleben, Denken, Erinnern und Planen derer, die in ihren Horizonten leben, auf eine entscheidende und vielfach unbewusste Weise. Auch der Monotheismus stellt eine solche kulturelle Semantik, ein semantisches Paradigma dar, das sich in großen Erzählungen und Leitunterscheidungen artikuliert. Mein Thema ist nicht das »Wesen« des Judentums, Christentums, Islams und so weiter, sondern die Ursprünge einer bis heute lebendigen kulturellen Semantik, in deren Rahmen Menschen gedacht und gehandelt haben.

Meine Frage ist also, welche Funktion das Thema Gewalt in den Texten erfüllt, in denen der biblische Monotheismus seine Entstehung und Durchsetzung erzählt und erinnert. Wohlgemerkt: Ich frage nicht »Warum wurde der Monotheismus so gewaltsam durchgesetzt?«, sondern »Warum wurde seine Durchsetzung in der Sprache der Gewalt dargestellt und erinnert?« Das Problem, von dem ich ausgehe, ist nicht die Gewalt selbst, als historisches Ereignis, sondern die *Sprache* der Gewalt, die Szenen von Massakern, Strafaktionen, Blutvergießen, Vertreibungen, Zerstörungen, Zwangsscheidungen von Mischehen und so weiter, in denen der Monotheismus in der hebräischen Bibel die Geschichte seiner Entstehung und Durchsetzung schildert. Bereits der durch die gottgesandten Plagen mit Gewalt erzwungene Auszug aus Ägypten, noch mehr aber die mit kriegerischer Gewalt durchgeführte Landnahme in Kanaan, ja selbst die Sinai-Offenbarung, der Gründungsakt der monotheistischen Religion, zu dem ja die Geschichte vom Goldenen Kalb mit seinen gewaltsamen Folgen unablösbar dazugehört, umgeben die israelitische Ethnogenese und die Einführung des Monotheismus – die beiden Vorgänge sind ja ein und dasselbe – in der biblischen Darstellung mit allen Zeichen der Gewaltsamkeit. Gerade wenn man diese Ereignisse nicht für historisch hält, sondern für fundierende Sagen und Legenden, in denen eine Gesellschaft sich eine Vergangenheit konstruiert oder rekonstruiert, die ihren gegenwärtigen Zielen und Problemen Sinn und Perspektive gibt, also für symbolische Erzählungen, stellt sich die Frage nach ihrer Bedeutung mit besonderer Dringlichkeit. Ich frage also nach der Bedeutung dieser Bilder. Warum erzählt man sich solche Geschichten? Was bedeuten sie für das Selbstbild der Gruppe, die damals mit und in ihnen lebte, und was können sie uns heute bedeuten? Ich behaupte ja nicht, wie mir immer wieder unterstellt wird, der Monotheismus habe Gewalt und Hass in eine bis dahin friedliche Welt gebracht.[26] Natürlich war die Welt, wie

26 Siehe die im Anhang zu meinem Buch »Die Mosaische Unterscheidung oder Der Preis des Monotheismus« (München 2003) abgedruckten Kritiken, vgl. auch Johannes Thonhauser, »Das Unbehagen am Monotheismus. Der Glaube an den einen Gott als Ursprung religiöser Gewalt? Eine aktuelle Debatte um Jan Assmanns Thesen zur ›Mosaischen Unterscheidung‹«, Marburg 2008. Die meisten der in diesem Buch behandelten Kritiken meiner Thesen sind mir, wie ich gestehen muss, unbekannt geblieben. Die schärfste der mir bekannten Kritiken veröffentlichte Rolf Schieder in seinem Buch »Sind Religionen gefährlich?« (Berlin 2008). Die dadurch ausgelöste konstruktive Debatte wurde 2013 auf der Internetplattform

jeder weiß, schon vor der Entstehung des Monotheismus voller Gewalt, Hass und Schuld. Ich konstatiere lediglich, dass der Monotheismus eine Religion ist, in deren kanonischen Texten die Themen Gewalt, Hass und Sünde eine auffallend große Rolle spielen und eine andere Bedeutung annehmen als in den traditionellen, »heidnischen« Religionen. Dort gibt es Gewalt im Zusammenhang mit dem politischen Prinzip der Herrschaft, aber nicht im Zusammenhang mit der Gottesfrage. Gewalt ist dort eine Frage der Macht, nicht des Glaubens und der Wahrheit.

GOTTES EIFERSUCHT UND MENSCHLICHES EIFERN: DER MONOTHEISMUS DER TREUE

Wo beginnen? Ich möchte zunächst klarstellen, was hier unter Monotheismus verstanden werden soll. Der Monotheismus tritt uns in der Geschichte in zwei Gestalten entgegen. Die eine lässt sich auf die Formel bringen: »Alle Götter sind Eins«, die andere auf die Formel: »Keine Götter außer Gott!« Die erste Formel findet sich in ägyptischen, babylonischen, indischen, griechischen und lateinischen Texten der Antike. Wir wollen diese Form des Monotheismus als »inklusiven Monotheismus« bezeichnen. Sie stellt, wie C. S. Lewis einmal formuliert hat, nicht den Gegensatz,

---

Perlentaucher geführt und 2014 von Rolf Schieder unter dem Titel »Die Gewalt des Einen Gottes« veröffentlicht.

sondern den Reifezustand des Polytheismus dar.[27] Alle polytheistischen Religionen führen letztendlich zu der Einsicht, dass alle Götter Eins sind. Die zweite Form begegnet uns zuerst um 1350 vor Christus in den Spuren des religiösen Umsturzes des Echnaton von Amarna,[28] aber nicht in sprachlicher, sondern in praktischer Form, in Gestalt der Zerstörung und Aushackung von Götterbildern, Götternamen und verpönten Darstellungen. Sprachlich begegnet sie uns dann natürlich massiv in den heiligen Texten des jüdischen, christlichen und islamischen Monotheismus. Diese Form, an die Lewis nicht gedacht hat, wäre als »exklusiver Monotheismus« zu bezeichnen. Sie geht nicht im Sinne der Evolution aus dem Polytheismus hervor, sondern stellt sich ihm im Sinne der Revolution entgegen. Im Rahmen unseres Themas haben wir es nur mit dem exklusiven, revolutionären Monotheismus zu tun, nur er spricht die Sprache der Gewalt. Mit dieser Definition fühle ich mich auch gegen den Vorwurf gefeit, mein Begriff von Monotheismus sei ein ahistorischer Popanz, den es in der Geschichte nie gegeben habe und der in der Bibel gar nicht zu finden sei.[29] Niemand wird mir einreden wollen, die Devise »Keine

27 C. S. Lewis, The Allegory of Love, Oxford 1958, 57: »Monotheism should not be regarded as the rival of polytheism, but rather as its maturity. Where you find polytheism, combined with any speculative power and any leisure for speculation, monotheism will sooner or later arise as a natural development. The principle, I understand, is well illustrated in the history of Indian religion. Behind the gods arises the One, and the gods as well as the men are only his dreams. That is one way of disposing of the many [...] the gods are to be aspects, manifestations, temporary or partial embodiments of the single power.«

28 Erik Hornung, Echnaton. Die Religion des Lichts, Zürich 1995, 103f.

29 Peter Schäfer, »Das jüdische Monopol«, SZ, 13.8.2004. In diesem Artikel

anderen Götter!« beziehungsweise »Kein Gott außer Gott!« habe es nie gegeben, sei nie vertreten worden.

Die Idee des eifersüchtigen Gottes, der keine anderen Götter neben sich duldet, ist sicher nicht irgendein marginales und längst überwundenes Zwischenstadium in der Geschichte des Monotheismus. Hier berühren wir vielmehr das Zentrum des monotheistischen Gottesgedankens. Es scheint mir auch, um das noch einmal zu betonen, vollkommen verfehlt, diese Gottesidee als spezifisch alttestamentlich darzustellen und ihr den christlichen Gott der Liebe gegenüberzustellen. Die Eifersucht Gottes entspringt ja seiner Liebe und immer ist seine Gnade tausendmal größer als sein Zorn. Es ist ein liebender, der Welt und seinem Volk leidenschaftlich zugewandter Gott, der zwischen Freund und Feind unterscheidet.

---

macht Peter Schäfer mir unter anderem den Vorwurf, ich würde in letzter Konsequenz die Juden selbst für den Holocaust verantwortlich machen, dadurch nämlich, dass ich erstens den Monotheismus für Intoleranz und Gewalt, und zweitens das Judentum für den Monotheismus verantwortlich mache. Diese Auffassung des Monotheismus sei ein übles Zerrbild, ein Popanz, den es geschichtlich nie gegeben habe. Die »Konstruktion eines metahistorischen Monotheismus mit seinem auf ewig eingravierten Hass und Gegenhass« beruhe »auf falschen Prämissen« und führe »zu außerordentlich beunruhigenden Konsequenzen«. Wer das Judentum für sein Schicksal verantwortlich mache, betreibe einen »essentialistischen« Diskurs, das heißt erblicke den Grund für die Leiden des jüdischen Volkes im »Wesen« des Judentums. Mir ging und geht es nicht um das »Wesen des Judentums«, sondern um die Ursprünge einer Semantik, die heute beunruhigender als je zuvor lebendig ist und, daran ist wohl nichts zu ändern, in bestimmten biblischen Texten erstmals greifbar wird. Es muss wohl nicht daran erinnert werden, dass diese Texte auch zum Grundbestand des Christentums gehören und von einem »jüdischen Monopol« daher keine Rede sein kann. Die Konstruktion eines »metahistorischen Monotheismus« war und ist nie mein Thema.

Doch auch innerhalb des exklusiven Monotheismus mit seiner Forderung »Keine anderen Götter!« gilt es noch einmal zu unterscheiden. In der hebräischen Bibel hat diese Forderung eine doppelte Wurzel. Ich unterscheide sie als »Monotheismus der Treue« und »Monotheismus der Wahrheit«. Den Monotheismus der Treue vertritt die Theologie des Gottesbundes, zuerst beim Propheten Hosea und dann prominent im Buch Deuteronomium und in der deuteronomistischen Tradition in der Torah und den »Vorderen Propheten«, das heißt dem deuteronomistischen Geschichtswerk. Auf den Monotheismus der Wahrheit dagegen stoßen wir bei den späteren Propheten, Jeremia, Deuterojesaja, Daniel und anderen, in einigen Psalmen und in der Weisheitsliteratur. Der Begriff der »mosaischen Unterscheidung«, den ich in meinem Buch »Moses der Ägypter« eingeführt habe, bezieht sich auf den »Monotheismus der Wahrheit« mit seiner Unterscheidung von »wahr und falsch« im religiösen Sinne, also zwischen wahrem Gott und falschen Götzen, wahrer Religion und falschem Götzendienst. Beim Monotheismus der Treue dagegen handelt es sich um eine ganz andere Unterscheidung, nämlich Glaube und Unglauben, Bundestreue und Bundesbruch, Loyalität und Apostasie. Das ist die Unterscheidung, um die es in den Büchern 2 bis 5 der Torah geht, und die sich daher mit dem Namen Mose verbindet. Sie findet sich bereits bei den frühen Propheten. Hosea und Amos wirkten im 8. Jahrhundert im Nordreich, das 722 von den Assyrern vernichtet wurde, und sagten seinen Untergang voraus. Beide beriefen sich auf den Gottesbund und den Auszug aus Ägypten und mahnten zur Treue, Hosea mehr im Hinblick auf die Abwendung von anderen Göttern, Amos mehr im Hinblick auf die Abschaffung von Unrecht und Unterdrückung.

Im Südreich, wo gleichzeitig der große Prophet Jesaja und andere wirkten, kommen diese Motive nicht vor, hier herrscht das berühmte »Bundesschweigen«.[30] Man kann also davon ausgehen, dass der Monotheismus der Treue im Zusammenhang mit dem Bundesgedanken und dem Mythos vom Auszug aus Ägypten im Nordreich zu Hause war und sich erst nach 722 mit den Flüchtlingen auch im Südreich verbreitet hat, wo er von den Deuteronomisten[31] aufgegriffen und ausgebaut wurde.

Der Monotheismus der Treue hat sein Zentrum im Dekalog, im Ersten Gebot, in der Forderung »Du sollst keine anderen Götter haben neben mir«. Der Gott, der dies fordert, stellt sich nicht als der Schöpfer von Himmel und Erde vor, sondern als der Befreier aus ägyptischer Knechtschaft. Die Forderung ausschließender Treue gilt also nur für die Befreiten, nicht für die Menschheit, und begründet sich mit der Befreiungstat: Du schuldest mir Treue, weil ich dich befreit habe. Dieser Gott stellt sich überdies mit seinem Namen vor. Bei dem Bund, den der Gott, der sich JHWH nennt, mit den Befreiten als seinem auserwählten Bundespartner schließt, handelt es sich um einen Liebesbund, und JHWH fordert Treue, weil er ein »eifersüch-

30 Lothar Perlitt, Bundestheologie im Alten Testament, Neukirchen-Vluyn 1969, 129–155; Winfried Thiel, Die Rede vom »Bund« in den Prophetenbüchern, ThV 9 (1977) 1, 1–36.

31 Im Deuteronomium und den Geschichtsbüchern Josua bis 2 Könige kommt eine klare theologische und politische Tendenz zum Ausdruck, die auf einen gemeinsamen Trägerkreis schließen lässt. Auf ihn beziehe ich mich mit dem Ausdruck »Deuteronomisten«.

tiger, zornmütiger Gott« (*El qanna*) ist, der Untreue bestraft bis ins dritte und vierte Glied, aber den Treuen, die ihn lieben und seine Gebote halten, Gnade erweist bis ins tausendste Glied. Diese Form des Monotheismus hat also eine ausgeprägt emotionale Qualität, man kann auch von einem »affektiven Monotheismus« sprechen. Daher wird zum Pessach-Fest, dem Fest des Auszugs aus Ägypten, der diesen Liebesbund begründet, das Hohelied gelesen.[32] Zugleich ist aber diese »zornmütige Eifersucht« auch eine ungemein ausdrucksstarke Metapher für den Rigorismus der Differenz, die dem radikalen Puritanismus in dem einleitend dargestellten allgemeinen Sinne eigen ist. Dieser Gott weiß, was mit seiner Wahrheit unvereinbar ist, und fordert dieses Wissen von seinen Bundespartnern. Seine Eifersucht fordert, dass man für ihn eifert. Dafür gibt es zwei Urszenen in der Torah. Die eine zeigt Mose, wie er nach dem Tanz um das Goldene Kalb mit dem Ruf »Her zu mir, wer für JHWH ist« die Leviten um sich schart und dreitausend Menschen umbringen lässt, die andere zeigt Pinhas, wie er mit seinem Speer seinen Landsmann Zimri und dessen midianitische Geliebte auf dem Liebeslager durchbohrt. Auf beide werde ich im Folgenden näher eingehen.

Die Szene um das Goldene Kalb ereignet sich nach der Verkündigung der Gebote und Gesetze, die die Grundlage des mit JHWH geschlossenen Bundes bilden, unmittelbar also, nachdem das Volk über seine Verpflichtungen unterrichtet wurde und ihnen zugestimmt hat. Mose war nach der feierlichen Schlusszeremonie auf den Berg gerufen wor-

32 Ludger Schwienhorst-Schönberger, Das Hohelied der Liebe, Freiburg 2015.

den, um die beiden von Gott selbst beschriebenen Tafeln und weitere Anweisungen zu empfangen. Vierzig Tage hatte er in der Wolke verweilt; derweil hatten die Israeliten über der langen Abwesenheit ihres Führers Mose das Vertrauen in seine Rückkehr verloren und Aaron gebeten, ihnen ein Gottesbild zu schaffen, eine Repräsentation, die anstelle des Repräsentanten Gottes vor ihnen herziehen sollte. Zur Strafe und Entsühnung veranstaltet Mose eine Strafaktion, die in Ex 32,6–28 folgendermaßen beschrieben wird:

> *Mose trat an das Lagertor und sagte: Wer für den Herrn ist, her zu mir! Da sammelten sich alle Leviten um ihn. Er sagte zu ihnen: So spricht der Herr, der Gott Israels: Jeder lege sein Schwert an. Zieht durch das Lager von Tor zu Tor! Jeder erschlage seinen Bruder, seinen Freund, seinen Nächsten. Die Leviten taten, was Mose gesagt hatte. Vom Volk fielen an jenem Tag gegen dreitausend Mann.*

Entscheidend sind die Worte »seinen Bruder, seinen Freund, seinen Nächsten«: Die Gewalt wendet sich nicht nach außen, gegen Fremde beziehungsweise »Heiden«, sondern nach innen, und zerschneidet die allerengsten menschlichen Bindungen. Die Entscheidung, die der monotheistische Gott fordert, der Bund, den er anbietet, überbietet und bricht alle menschlichen Bindungen und Verpflichtungen. Dem lässt sich eine Stelle aus dem Deuteronomium 13,7–12 zur Seite stellen:

> *Wenn dein Bruder [...] oder dein Freund, den du liebst wie dich selbst, dich heimlich verführen will und sagt: Ge-*

hen wir und dienen wir anderen Göttern, [...] dann sollst du nicht nachgeben und nicht auf ihn hören. Du sollst in dir kein Mitleid mit ihm aufsteigen lassen [...]und die Sache nicht vertuschen. Sondern du sollst ihn anzeigen. Wenn er hingerichtet wird, sollst du als Erster deine Hand gegen ihn erheben, dann erst das ganze Volk. Du sollst ihn steinigen, und er soll sterben; denn er hat versucht, dich vom Herrn, deinem Gott, abzubringen, der dich aus Ägypten geführt hat, aus dem Sklavenhaus. Ganz Israel soll davon hören, damit sie sich fürchten und nicht noch einmal einen solchen Frevel in deiner Mitte begehen.

In diesem Fall kann man nachweisen, woher diese Sprache der Gewalt kommt: aus den assyrischen Loyalitätsvereidigungen, die von den Vasallen und Untertanen absolute Loyalität fordern.[33] Der katholische Alttestamentler Othmar Keel hat diesen Zusammenhang sehr treffend beschrieben. Er fragt, ganz in unserem Sinne: »Wie gerät Gott in eine solche Sprache? Wie kommen Menschen dazu, sich Gott so vorzustellen, sich vorzustellen, dass Gott will, dass man seine Nächsten verrät und zu Tode bringt? Wie kommt man auf diesen empörenden Gedanken?«, und führt dazu aus:

33 Eckart Otto, Das Deuteronomium, Berlin 1999, konnte zeigen, dass verschiedene Formulierungen des Deuteronomiums geradezu Übersetzungen einer assyrischen Vorlage darstellen, der Treueidverpflichtung auf den Thronfolger Assurbanipal, die Assarhaddon allen Untertanen auferlegte. Siehe auch Hans Ulrich Steymans, Deuteronomium 28 und die adê zur Thronfolgeregelung Asarhaddons. Segen und Fluch im Alten Orient und in Israel (OBO 145), Fribourg/Göttingen 1995 und vor allem Christoph Koch, Vertrag, Treueid und Bund. Studien zur Rezeption des altorientalischen Vertragsrechts im Deuteronomium und zur Ausbildung der Bundestheologie im Alten Testament. BZAW 383, Berlin/New York 2008.

Die Forschung hat in letzter Zeit immer deutlicher gezeigt, dass dieser beunruhigende Text teilweise wörtlich assyrische Texte kopiert – nicht religiöse, sondern politische. Das im nördlichen Irak beheimatete, expansive Assyrerreich hat die von ihm unterworfenen Könige eidlich verpflichtet, nur dem assyrischen Großkönig zu dienen und jeden und jede unverzüglich zu denunzieren, die sie dazu überreden wollten, vom Großkönig von Assur abzufallen. Solche Vasallitätsverpflichtungen mussten eine Zeitlang auch die judäischen Könige in Jerusalem übernehmen. [34]

Man kann davon ausgehen, dass im königlichen Archiv zu Jerusalem ein Exemplar des unter Manasse mit Assyrien geschlossenen Vasallenvertrags lagerte, und es ist gut vorstellbar, wie man auf den Gedanken verfiel, dieses verhasste Dokument der Unterdrückung durch Umwidmung oder Umbuchung[35] auf JHWH in ein Dokument der Befreiung zu verwandeln.

Die andere »Urszene« der göttlichen Eifersucht ereig-

34 Othmar Keel, »Monotheismus – ein göttlicher Makel? Über eine allzu bequeme Anklage«, in: NZZ, 30./31.10.2004, 68. Vgl. die entsprechende Vorschrift in der assyrischen Vorlage: »Wenn ihr ein übles, schlechtes, unpassendes Wort, das für Assurbanipal, den Kronprinzen [...] nicht gut ist [...], sei es aus dem Munde eurer Brüder, eurer Söhne, eurer Töchter [...] hört und verheimlicht ...« (Otto: Das Deuteronomium, 3f.). Siehe besonders Othmar Keel, Die Geschichte Jerusalems und die Entstehung des Monotheismus, Fribourg und Göttingen 2007, Bd. I, 562f. Das sind grausame Texte, die sich auch durch den Hinweis auf JHWHs Huld und Güte nicht beschönigen lassen.

35 Otto spricht in diesem Zusammenhang von »subversiver politischer Theologie«.

net sich in Schittîm, am Ende der vierzigjährigen Wüstenwanderung. Das Volk hatte in Mo'ab am Ostufer des Jordan sein Lager aufgeschlagen und hatte auf Einladung der Moabiter an einem Fest des dortigen Gottes Ba'al Pe'or teilgenommen.

> *Als sich Israel in Schittim aufhielt, begann das Volk mit den Moabiterinnen Unzucht zu treiben. Sie luden das Volk zu den Opferfesten ihrer Götter ein, das Volk aß mit ihnen und fiel vor ihren Göttern nieder. So ließ sich Israel mit Ba'al-Pe'or ein. Da entbrannte der Zorn des Herrn gegen Israel, und der Herr sprach zu Mose: Nimm alle Anführer des Volkes, und spieße sie für den Herrn im Angesicht der Sonne auf Pfähle, damit sich der glühende Zorn des Herrn von Israel abwendet. Da sagte Mose zu den Richtern Israels: Jeder soll die von seinen Leuten töten, die sich mit Ba'al-Pe'or eingelassen haben. Unter den Israeliten war einer, der zu seinen Brüdern kam und eine Midianiterin mitbrachte, und zwar vor den Augen des Mose und der ganzen Gemeinde der Israeliten, während sie am Eingang des Offenbarungszeltes weinten. Als das der Priester Pinhas, der Sohn Eleasars, des Sohnes Aarons, sah, stand er mitten in der Gemeinde auf, ergriff einen Speer, ging dem Israeliten in den Frauenraum nach und durchbohrte beide, den Israeliten und die Frau, auf ihrem Lager. Danach nahm die Plage, die die Israeliten getroffen hatte, ein Ende. Im ganzen aber waren vierundzwanzigtausend Menschen an der Plage gestorben.*
>
> *Und JHWH redete zu Mose und sprach: Der Priester Pinhas, der Sohn Eleasars, des Sohnes Aarons, des Pries-*

ters, hat meinen Zorn von den Kindern Israels abgewendet, indem er in meinem Eifer mitten unter ihnen geeifert hat. So habe ich die Kinder Israels in meinem Eifer nicht vernichtet. Darum sprich: Siehe, ich gebe ihm meinen Bund des Friedens. Und ihm und seinen Nachkommen nach ihm wird ein Bund ewigen Priestertums zuteilwerden, weil er für seinen Gott geeifert und für die Kinder Israels Sühnung erwirkt hat. (Num 25,1–13)

In der letzten kurzen Passage kommt die Wurzel *qn'*, »eifern«, viermal vor. Dieser Text bringt die spiegelbildliche Beziehung von Gottes Eifersucht und menschlichem Eifern besonders klar zum Ausdruck: »Dadurch dass er bei euch eiferte *(b^e^qan'ô)* für meinen Eifer *('ǣt-qin'ātî)*«, »dass ich sie nicht durch meinen Eifer *(b^e^qin'ātî)* vertilgte«; *qanā'*, (menschliches) »eifern«, und *qin'āh*, (göttliche) »Eifersucht«, sind Ableitungen desselben Stammes. Pinhas wird mit seiner scheußlichen Mordtat als ein leuchtendes Vorbild herausgestellt und bleibt als solches im Gedächtnis.[36]

Auch diese Erzählung hat eine assyrische Assoziation. Pfählen ist eine ganz besonders grausame Todesart, die von den Assyrern eingeführt wurde als Strafe für abgefallene Vasallen. Auch hier wird deutlich, dass die Sprache der Gewalt von den Assyrern übernommen wurde. Aus derselben Quelle, insbesondere den Loyalitätsvereidigungen Assarhaddons für Assurbanipal, stammen die Strafandrohungen Gottes für den Fall der Vernachlässigung des Gesetzes, die das gesamte 28. Kapitel des Deuteronomiums bilden und

36 Vgl. hierzu Bernd Janowski: »Psalm 106, 28–31 und die Interzession des Pinchas«, in: VT 33, 1983, 237–248.

eine fast noch deutlichere Sprache der Gewalt sprechen.[37] Diese geradezu sadistisch anmutenden Schilderungen der Vernichtung, Zerstörung, Ausrottung des untreu gewordenen Volkes lesen sich wie eine Vorahnung von Auschwitz und werden ja auch zum Beispiel von Primo Levi in diesem Zusammenhang zitiert.[38]

Statt diese dreiundfünfzig Verwünschungen im Einzelnen aufzuzählen, zitiere ich nur Gottes Worte an Salomo in 1 Kön 9,6–7, die dieses Motiv in zwei Sätzen zusammenfassen:

> *Doch wenn ihr und eure Söhne euch von mir abwendet und die Gebote und Gesetze, die ich euch gegeben habe, übertretet, wenn ihr euch anschickt, andere Götter zu verehren und anzubeten, dann werde ich Israel in dem Land ausrotten, das ich ihm gegeben habe. Das Haus, das ich meinem Namen geweiht habe, werde ich aus meinem Angesicht wegschaffen, und Israel soll zum Gespött und zum Hohn unter allen Völkern werden.*

Solche Drohformeln gehören zum Repertoire politischer Verträge, und das Deuteronomium steht auch hierin in der Tradition der Assyrer, die ihre Vasallenverträge mit ähnlichen Verwünschungen für den Fall des Abfalls beschlossen

37 Vgl. hierzu Verf., »Inscriptional Violence and the Art of Cursing: A Study of Performative Writing«, in: Stanford Literature Review Spring 1992, 43–65. Für eine Anthologie mesopotamischer Verfluchungen siehe Francesco Pomponio, Formule di maledizione della Mesopotamia preclassica, Brescia 1990; Hans Ulrich Steymans, Deuteronomium 28 (Anm. 33).

38 Primo Levi, Se questo è un uomo, zitiert bei Harald Weinrich, Lethe. Kunst und Kritik des Vergessens, München 1997, 238f.

haben.[39] Das Deuteronomium greift diese Tradition auf, um sie noch weit zu überbieten.

In der altorientalischen Welt ist diese Sprache der Gewalt in den Königsinschriften zu Hause und erfüllt dort eine klar bestimmbare Funktion. Sie ergibt sich aus dem Prinzip, »dass Politik und Recht nur möglich sind, wenn sie zu ihrer Durchsetzung auf physische Gewalt zurückgreifen und Gegengewalt wirksam ausschließen können«.[40] Die altorientalischen Großreiche gründen naturgemäß auf einer kulturellen Semantik, die darauf abzielt, große Massen von Untertanen und Vasallen unter einem Herrschaftssystem zu vereinigen und bei der Stange zu halten. In dieser Hinsicht sind die Assyrer am weitesten gegangen. Sie forderten von ihren Vasallen absolute Loyalität und bestraften – jedenfalls in der Form ihrer Selbstdarstellung und Erinnerung – jeden Abfall mit äußerster Grausamkeit. Auch hier geht es um einen absoluten, selbst die engsten verwandtschaftlichen Bindungen übersteigenden Gehorsam.[41] Dieses repressive Machtsystem mit seinen totalisierenden Herrschaftsansprüchen ist aber nun genau das, was die Bibel im ägyptischen Pharaonentum als »Haus der Knechtschaft« symbolisiert und woraus der Monotheismus die Menschen befreien will. Aus Ägypten und sei-

39 Klaus Baltzer, Das Bundesformular, Neukirchen, ^{2}1964; Christoph Koch, Vertrag, Treueid und Bund (Anm. 33).

40 Niklas Luhmann, »Rechtszwang und politische Gewalt«, in: Ausdifferenzierung des Rechts. Beiträge zur Rechtssoziologie und Rechtstheorie, 154–172, Zitat 154, nach Dieter Conrad, »Der Begriff des Politischen, die Gewalt und Gandhis gewaltlose politische Aktion«, in: Jan Assmann, Dietrich Harth (Hg.), Kultur und Konflikt, Frankfurt 1990, 72–112, hier: 77f.

41 Vgl. o., S. 37 mit Anm. 34.

nem repressiven Gewaltsystem zieht Israel aus.[42] Warum übernimmt es aber die politischen Gewaltmotive in seine fundierende kulturelle Semantik? Hören wir hierzu noch einmal Othmar Keel:

> *Am Ende des 7. Jahrhunderts v. Chr. brach das Assyrerreich zusammen. Es entstand ein Machtvakuum. Judäische Theologen hatten die originelle Idee, das Vakuum auszufüllen, indem sie die Forderungen, die der assyrische Großkönig gestellt hatte, vom Gott Israels, von Jahwe, ausgehen ließen. Damit haben sie das Machtvakuum gefüllt, damit haben sie Israel innerlich von allen Despoten unabhängig gemacht, dem Gott Israels aber gleichzeitig Eigenschaften eines Despoten härtester Sorte zugeschrieben. Man kann den zitierten Text als Beweis für die dem Monotheismus eigene Intoleranz, Aggressivität und Brutalität anführen. Man übersieht dabei aber, dass es sich nicht um einen monotheistischen Text handelt. Er rechnet mit anderen Göttern, die der exklusiven Bindung an den eigenen Gott gefährlich werden können. Der wirkliche Monotheismus geht von der Annahme aus, es gebe nur einen Gott, und Eifersucht hat da keine Grundlage.*[43]

Die Transposition des assyrischen Despotismus auf Gott und die neue Form einer exklusiven Gottesbindung war ein

---

42 Die Bibel, ebenso wie das jüdische Ritual der Seder-Nacht (die Pessach-Haggada), hält die Erinnerung an Ägypten wach, um den Zusammenhang von Gesetz und Freiheit herauszustellen. Das Gesetz befreit von allen Formen von Willkürherrschaft und Unterdrückung, für die Ägypten als Symbol steht.

43 NZZ (siehe Anm. 34).

Akt der Befreiung, der Israel innerlich unabhängig gemacht hat von äußeren Despoten. In dieser Umbuchung[44] artikuliert sich ein geistiger Widerstand, der sich in der Folgezeit als äußerst erfolgreich erweisen sollte. Er ermöglichte es den Juden, die Zerstörung Jerusalems und die Jahrzehnte der Deportation zu überstehen und nach der endlichen Rückführung ein neues Gemeinwesen aufzubauen. Das, was Keel »Eifersucht« nennt und von dem »wirklichen« Monotheismus fernhalten möchte, trifft aber nun genau den Kern der Sache, um die es im Deuteronomium geht. Der Ausdruck »andere Götter« ist typisch für die Sprache des Deuteronomiums[45] und hat den eindeutig polemischen Sinn der Apostasie. Wer »andere Götter« verehrt, bricht den Bund.

Das ist vielleicht kein wirklicher Monotheismus, weil die Existenz »anderer Götter« emphatisch anerkannt wird, aber es ist das Herzstück der Torah und damit der revolutionären, radikal-puritanischen Semantik, die wir hier analysieren wollen, weil sie eine der Grundlagen unserer Tradition, unserer geistigen Welt bildet. Das Deuteronomium gehört zu den absolut zentralen Grundtexten der jüdischen, aber auch der christlichen Kultur.[46] Dieser semantische Kern besteht nicht in der Erkenntnis der Einheit und Einzigkeit

44 Zu diesem Begriff siehe mein Buch »Herrschaft und Heil. Politische Theologie in Altägypten, Israel und Europa«, München 2000.

45 Dtn 6,14; Dtn 7,4; Dtn 8,19; Dtn 11,16.28; Dtn 13,3.7.14; Dtn 18,20; Dtn 29,25; Dtn 30,17; Dtn 31,18.20; Jos 23,16. Auch der Ausdruck »fremde Götter« (aelohîm hannekar) kennzeichnet deuteronomistischen Sprachgebrauch (Dtn 31,16; Jos 24,20.23; Ri 10,16; 1 Sam 7,3; Jer 5,19; Jer 24,5).

46 Frank Crüsemann, Die Tora. Theologie und Sozialgeschichte des alttestamentlichen Gesetzes, München 1992.

Gottes, sondern in der Treue zum Einen Befreier durch strenge Enthaltung von der Verehrung anderer Götter.

Der Monotheismus der Treue ist eine Sache leidenschaftlichen Engagements und nicht philosophischer Reflexion und Einsicht. Er erkennt die Existenz der anderen Götter ausdrücklich an und setzt sie geradezu voraus, denn was hätte Treue sonst für einen Sinn? Die biblische Basismetapher für diese Treue ist die Ehe. Dabei ist JHWH der Bräutigam, Israel die Braut. Die anderen Götter sind die Verführer, die Israel vom rechten Wege abbringen wollen und mit denen Israel, wie es ihm die Propheten ständig vorhalten, Unzucht treibt. Genau genommen geht es bei den Propheten wie Hosea, Jeremia, Ezechiel auch gar nicht um den Bund, sondern den Bundesbruch, und die Metapher dafür ist der Ehebruch, die Hurerei.[47]

Ein anderes Bild ist das politische Bündnis; auch hier gilt, dass man nicht zwei Herren dienen und zum Beispiel nicht sowohl mit den Assyrern als auch mit den Ägyptern ein Bündnis schließen darf. Würde Israel mit den Ägyptern ein Bündnis schließen, wäre das für die Assyrer ein Casus Belli und Grund grausamster Bestrafung. Auch das politische Bündnis ist eine emotionale Angelegenheit, die Loyalität, die hier gefordert wird, ist eine Herzenssache. Die berühmte Formel des Schema-Gebets »Du sollst JHWH, deinen Gott, lieben von ganzem Herzen, ganzer Seele, ganzem Vermögen« stammt aus assyrischen Loyalitätseiden.[48] Aber anders als Brautschaft und Ehe ist das

47 Vgl. hierzu ausführlich Verf., Exodus, 241–47.

48 W.L. Moran: »The Ancient Near Eastern Background of the Love of God«, in: Frederick E. Greenspahn (Hg.), Essential Papers on Israel and the

politische Bündnis im Deuteronomium keine Metapher, sondern die Sache selbst, das Modell, das dieser ganz neuartigen Form von Gottesverbindung zugrunde gelegt wird. JHWH und Israel schließen einen förmlichen Bundesvertrag. Gott erwählt sich aus der Fülle der Völker das kleine Israel und überlässt die anderen Völker anderen Göttern, und Israel erwählt sich aus der Fülle der Götter den Gott JHWH, der es aus Ägypten herausgeführt hat, und enthält sich der Verehrung anderer Götter. Gott unter den Göttern, Israel unter den Völkern, das ist die Grundlage, auf der dieses Bündnis gestiftet wird.[49]

ANTIKANAANISMUS: KONVERSION UND DER HASS AUF DIE EIGENE VERGANGENHEIT

Der Gottesbund mit seiner Forderung ausschließender Treue ist ein zweischneidiges Schwert, er enthält Segen und Fluch, Leben und Tod, Gnade und Zorn. Das kommt in der Torah ja deutlich genug zum Ausdruck. »Siehe (sagt Mose), ich habe dir heute vorgelegt das Leben und das Gute, den Tod und das Böse«. (Dtn 30,15) Der Fluch, die Gewalt, die hier angedroht wird, gelten aber nur nach

Ancient Near East, New York 1991, 103–115. Moran kann zeigen, dass dieser Begriff aus der Sprache des internationalen Rechts und des Staatsloyalismus stammt, wie sie vor allem die neuassyrischen Texte des 8. und 7. Jahrhunderts bestimmt. Moran betont den starken Unterschied zwischen Hoseas und dem deuteronomischen Bundesbegriff.

49 Verf., Exodus, 223–286.

innen, innerhalb des Bundes. Die Völker, aus deren Kreis JHWH sich das kleine Israel zum Bundespartner erwählt, können und sollen bei ihren Göttern, Gesetzen und Gebräuchen bleiben. Der Monotheismus der Treue setzt nicht Feindschaft zwischen Israel und den Völkern. Eine Ausnahme wird aber gemacht, und die betrifft die Völker, die im Gelobten Land siedeln, die Amoriter, Hethiter, Perisiter, Kanaaniter, Hewiter und Jebusiter, zu denen sich gelegentlich auch die Keniter, Girgaschiter und natürlich Amalek, der Erzfeind Israels, gesellen. Sie muss Israel vertreiben und ausrotten, um sich nicht zur Anbetung ihrer Götter verführen und von ihren Bräuchen anstecken zu lassen. Daher sind auch sie Objekte von JHWHs Eifersucht und mit der von Israel geforderten Bundestreue inkompatibel. Dieser »Antikanaanismus« (Othmar Keel) der biblischen, speziell deuteronomistischen Tradition ist ein zentraler Ort der Sprache der Gewalt.[50] Obwohl sich die Unterscheidung zwischen Freund und Feind vornehmlich nach innen richtet, an das Bundesvolk selbst, und nicht etwa nach außen, an die Völker, aus deren Kreis JHWH Israel erwählt hat, wird sie doch auf die im Lande Kanaan siedelnden Völkerschaften ausgedehnt, die eo ipso zu den Gottesfeinden gezählt werden, weil ihre Religion JHWH

50 Othmar Keel, »Der zu hohe Preis der Identität oder von den schmerzlichen Beziehungen zwischen Christentum, Judentum und kanaanäischer Religion«, in: Manfried Dietrich, Oswald Loretz (Hg.), Ugarit. Ein ostmediterranes Kulturzentrum im Alten Orient I, Münster 1995, 95–114; Ders., Kanaan – Israel – Christentum. Plädoyer für eine »vertikale« Ökumene, Franz-Delitzsch-Vorlesung 2001, Münster 2002; Thomas Staubli, »Antikanaanismus. Ein biblisches Reinheitskonzept mit globalen Folgen«, in: Peter Burschel, Christoph Marx (Hg.), Reinheit, Wien 2011, 349–388.

zum Abscheu geworden ist. Angst vor Verführung ist es, die aus den Gesetzen spricht, die sich auf den Umgang mit der Urbevölkerung der zu erobernden Länder beziehen:

> *Du hüte dich aber, mit den Bewohnern des Landes, in das du kommst, einen Bund zu schließen; sie könnten dir sonst, wenn sie in deiner Mitte leben, zu einer Falle werden. Ihre Altäre sollt ihr vielmehr niederreißen, ihre Steinmale zerschlagen, ihre Kultpfähle umhauen. Du darfst dich nicht vor einem andern Gott niederwerfen. Denn JHWH trägt den Namen »der Eifersüchtige«; ein eifersüchtiger Gott ist er. Hüte dich, einen Bund mit den Bewohnern des Landes zu schließen. Sonst werden sie dich einladen, wenn sie mit ihren Göttern Unzucht treiben und ihren Göttern Schlachtopfer darbringen, und du wirst von ihren Schlachtopfern essen. Du wirst von ihren Töchtern für deine Söhne Frauen nehmen; sie werden mit ihren Göttern Unzucht treiben und auch deine Söhne zur Unzucht mit ihren Göttern verführen. (Ex 34,12–16)*
>
> *Ich setze deine Landesgrenzen fest vom Schilfmeer bis zum Philistermeer, von der Wüste bis zum Strom. Wenn ich die Einwohner des Landes in deine Hand gebe und du sie vertreibst, dann sollst du keinen Bund mit ihnen und ihren Göttern schließen. Sie sollen nicht in deinem Land bleiben. Sonst könnten sie dich zur Sünde gegen mich verführen, so dass du ihre Götter verehrst; denn dann würde dir das zu einer Falle. (Ex 23,31f.)*

Das Deuteronomium spricht dieselbe Sprache:

Wenn JHWH, dein Gott, dich in das Land bringt,
in das du [jetzt] hineinkommst, um es in Besitz zu nehmen,
und [wenn er dann] viele Nationen vor dir hinaustreibt:
die Hetiter und die Girgasiter
und die Amoriter und die Kanaaniter
und die Perisiter und die Hewiter und die Jebusiter,
sieben Nationen, größer und stärker als du,
und [wenn] JHWH, dein Gott, sie vor dir dahingibt, und du sie schlägst,
[dann] sollst du unbedingt an ihnen den Bann (ḥæræm) vollstrecken.

Du sollst keinen Bund mit ihnen schließen und sie nicht verschonen.
Und du sollst dich nicht mit ihnen verschwägern.
[…] Sondern so sollt ihr an ihnen tun:
Ihre Altäre sollt ihr niederreißen und ihre Gedenksteine zerbrechen
und ihre Ascherim umhauen und ihre Götterbilder mit Feuer verbrennen.
Denn du bist JHWH, deinem Gott, ein heiliges Volk.
Dich hat JHWH, dein Gott, erwählt,
dass du ihm als Eigentumsvolk gehörst
aus allen Völkern, die auf dem Erdboden sind. (Dtn 7,1–6)

Von der Zerstörung der Kultstätten ist auch im Kapitel 12 die Rede:

Ihr sollt alle Kultstätten zerstören, an denen die Völker, deren Besitz ihr übernehmt, ihren Göttern gedient haben: auf den hohen Bergen, auf den Hügeln und unter jedem üppigen Baum. Ihr sollt ihre Altäre niederreißen und ihre Steinmale zerschlagen. Ihre Kultpfähle sollt ihr im Feuer verbrennen und die Bilder ihrer Götter umhauen. Ihre Namen sollt ihr an jeder solchen Stätte tilgen. (Dtn 12,2–3)

Die Sätze stehen an vorderster Stelle des anschließenden Gesetzeswerks, sie sind gewissermaßen die Umsetzung des Ersten Gebots.

In diesen Zusammenhang gehört auch die Bestimmung, wie im Krieg mit feindlichen Städten zu verfahren ist. Hier wird ein wichtiger Unterschied gemacht, der unmittelbar aus dem Geist des Monotheismus der Treue und der ihm zugrundeliegenden Unterscheidung zwischen Freund und Feind hervorgeht:

Wenn du vor eine Stadt ziehst, um sie anzugreifen, dann sollst du ihr zunächst eine friedliche Einigung vorschlagen. Nimmt sie die friedliche Einigung an und öffnet dir die Tore, dann soll die gesamte Bevölkerung, die du dort vorfindest, zum Frondienst verpflichtet und dir untertan sein. Lehnt sie eine friedliche Einigung mit dir ab und will sich mit dir im Kampf messen, dann darfst du sie belagern. Wenn der Herr, dein Gott, sie in deine Gewalt gibt, sollst du alle männlichen Personen mit scharfem Schwert erschlagen. Die Frauen aber, die Kinder und Greise, das Vieh und alles, was sich sonst in der Stadt befindet, alles, was sich darin plündern lässt, darfst du dir als Beute nehmen. Was du bei deinen Feinden geplündert hast, darfst du verzehren; denn der Herr, dein Gott, hat es dir geschenkt. (Dtn 20,10–14)

Bis hierhin entspricht das völlig der damals üblichen Praxis. Nun aber wird die erwähnte Unterscheidung eingeführt:

So sollst du mit allen Städten verfahren, die sehr weit von dir entfernt liegen und nicht zu den Städten dieser Völker hier gehören. Aus den Städten dieser Völker jedoch, die der Herr, dein Gott, dir als Erbbesitz gibt, darfst du nichts, was Atem hat, am Leben lassen. Vielmehr sollst du an den Hetitern und Amoritern, Kanaanitern und Perisitern, Hewitern und Jebusitern den Bann vollstrecken, so wie es der Herr, dein Gott, dir zur Pflicht gemacht hat, damit sie euch nicht lehren, alle Gräuel nachzuahmen, die sie begingen, wenn sie ihren Göttern dienten, und ihr nicht gegen den Herrn, euren Gott, sündigt. (Dtn 20,15–18)

Fremdstädte dürfen »normal« erobert werden, an den Städten Kanaans aber muss »der Bann vollstreckt werden mit der Schärfe des Schwerts«. Denn die Städte Kanaans sind keine Fremdstädte, sie sind die eigenen Städte, die sich noch nicht der neuen Bewegung angeschlossen haben beziehungsweise von ihr abgefallen sind.

Was im Umgang mit den Kanaanäern gefordert wird, ist ein heiliger Vernichtungskrieg, der mit der Formel »den Bann vollstrecken« bezeichnet wird. Was darunter zu verstehen ist, wird des Öfteren in der Bibel erzählt, zum Beispiel in Num 21,1. Der König von Arad hat Israel angegriffen und einige Leute gefangen genommen. »Da legte Israel JHWH gegenüber ein Gelübde ab und sagte: Wenn du dieses Volk wirklich in meine Hand gibst, dann werde ich seine Städte mit dem Bann belegen.« (Num 21,1) Das bedeutet, auf Beute zu verzichten, nichts am Leben zu lassen, alles auf dem Marktplatz zu verbrennen und die Stadt dem Erdboden gleich und für immer unbewohnbar zu machen. JHWH hörte das Gelübde »und gab die Kanaaniter in ihre Hand«. Diese Form der Kriegsführung ist auch außerhalb der Bibel belegt. In der Inschrift der Stele des Königs Mescha von Moab aus der Mitte des 9. Jahrhunderts heißt es:[51] »Ich griff die Stadt [Atarot] an und nahm sie ein. Und ich tötete alles Volk (?) der Stadt als Opfer für Kemosch und für Moab. [...] Und ich zog bei Nacht los und kämpfte gegen [Nebo] vom Anbruch der Morgenröte bis Mittag. Und ich nahm es ein und tötete alle: siebentausend Männer und Sklaven und Frauen und Sklavinnen und Dirnen, denn ich hatte es dem Kemosch geweiht.« Normalerweise wird in einer eroberten Stadt reiche Beute gemacht. In besonderen Fällen aber, wenn es wirklich darauf ankommt, legt man einem bestimmten Gott gegenüber das Gelübde ab, ihm die gesamte Beute zu weihen, um ihn damit zur Unterstützung des Vorhabens zu verpflichten.[52] Es handelt

51 Christian Molke: Der Text der Mescha-Stele und die biblische Geschichtsschreibung. Beiträge zur Erforschung der antiken Moabitis (Arḍ el-Kerak 5), Frankfurt u. a. 2006; Manfred Weippert, Historisches Textbuch zum Alten Testament, Göttingen 2010, 24–248.

52 Manfred Weippert, »›Heiliger Krieg‹ in Israel und Assyrien. Kritische Anmerkungen zu Gerhard von Rads Konzept des Heiligen Krieges im Alten Israel«, in: Ders., Jahwe und die anderen Götter. Studien zur Religionsgeschichte des antiken Israel in ihrem syrisch-palästinensischen Kontext. FAT 18, Tübingen 1997, 71–97; Rüdiger Schmitt: Der »Heilige Krieg« im

sich hier um eine »okkasionelle Monolatrie«, also eine nur für den speziellen Fall eines heiligen Krieges eingegangene Exklusivbeziehung zu einem einzigen Gott. Hierin könnte eine Wurzel des biblischen Monotheismus der Treue liegen, vor allem, wenn man bedenkt, was für eine wichtige Rolle der Krieg in der Frühzeit Israels gespielt hat.[53]

Der biblische Monotheismus der Treue wird in der Forschung selbst oft als Monolatrie bezeichnet. So nennt man die ausschließende Verehrung eines Gottes bei gleichzeitiger Anerkennung der Existenz anderer Götter. Das halte ich aber für wenig glücklich. Damit wird der biblische Monotheismus der Treue in eine religionsgeschichtliche Schublade gesteckt, so als handelte es sich hier um ein verbreitetes Phänomen. In Wirklichkeit aber ist der Monotheismus der Treue ebenso revolutionär und einzigartig wie die Theologie des Gottesbundes.

Wo gehört das zeitlich und geschichtlich hin? Die Anfänge liegen, wie gesagt, bei Amos und Hosea und gehören geschichtlich in die Zeit der Vernichtung des Nordreichs durch die Assyrer im Jahre 722 vor Christus. Die Ausarbeitung der Bundestheologie und die Kodifizierung der deuteronomischen und deuteronomistischen Texte aber gehören in die Zeit, als das Südreich hundertfünfzig Jahre später dasselbe Schicksal ereilte. Es handelt sich also um

---

Pentateuch und im deuteronomistischen Geschichtswerk. Studien zur Forschungs-, Rezeptions- und Religionsgeschichte von Krieg und Bann im Alten Testament. (Alter Orient und Altes Testament 381) Münster 2011, XII.

53 Siehe hierzu Bernhard Lang, »Von der kriegerischen zur nativistischen Kultur. Das alte Israel im Lichte der Kulturanthropologie«, in: Ders., Buch der Kriege – Buch des Himmels, Kleine Schriften zur Exegese und Theologie, Leuven 2011, 25–43.

eine in katastrophischer, traumatischer Situation entstandene Konzeption. Die extreme Lage, in der man in früheren Zeiten zum äußersten Mittel, der okkasionellen Monolatrie des heiligen Krieges, griff, bei dem man sich Einem Gott verschwor, alles auf eine Karte setzte – in diesen Jahrhunderten der assyrischen und babylonischen Bedrohung, Unterdrückung, Eroberung und Gefangenschaft trat sie nun für Israel in ganz anderem Maßstab als ein Dauerzustand ein. Das Deuteronomium, das seine entscheidende Redaktion im Exil erfuhr, sah sich vor die Aufgabe gestellt, mit der Kodifizierung des Bundes und seiner Gesetze zugleich auch das Scheitern, den Bundesbruch zu erklären. Das Unheil, das Juda betroffen hat, der Verlust von Land, Staat, Königtum und Tempel wird als Wirkung des Fluchs erklärt, als Strafe für den Bruch des Bundes, die sich das Königtum der vorexilischen Zeit seit den Tagen Salomos mit seiner ständigen Einbeziehung anderer Götter in den JHWH-Kult zugezogen hat: Es hat sich mit anderen Göttern eingelassen und die Gebote der Mitmenschlichkeit nicht beachtet. Das ließ noch Hoffnung übrig und war besser als der Gedanke, dass Gott sich für immer abgewendet hat oder dass es ihn – horribile dictu – gar nicht gibt. Strafe war doch immer noch ein Akt der Zuwendung und ließ auf Vergebung hoffen.

In dieser Zeit – wir sprechen vom 6. Jahrhundert, der Zeit des Untergangs Judas, und vom 5. Jahrhundert, der Zeit der Neugründung Israels als Judentum des Zweiten Tempels und kleine Provinz des Perserreiches – gab es die kanaanäischen Völker gar nicht mehr, deren Vernichtung dem Bundesvolk als heilige Verpflichtung auferlegt wird. Was die biblischen Texte als kanaanitische Religion verteufeln, ist aller Wahrscheinlichkeit nach nichts anderes als die eigene Vergangenheit, das »hebräische Heidentum«.[54] Der Begriff der Kanaanäer ist also symbolisch zu verstehen. Was könnte er bedeuten? Ich möchte mich auch hier Othmar Keel anschließen, der schreibt: »Es braucht keine großen Bibelkenntnisse, um zu sehen, dass die Gräuel dieser Völker, die Altäre und Masseben, die zerstört werden sollten, einst Teil der Religion Israels bildeten und nicht die irgendwelcher verruchten Völker«[55] und weiter: »Der ›Antikanaanismus‹ Hoseas und der dtn/dtr Bewegung verfemt wie der Antijudaismus des Neuen Testaments einen Teil der eigenen Vergangenheit und versucht, ihn zu etwas Fremden zu erklären und abzustoßen«.[56] Es handelt sich hier erstens um ein Phänomen der Konversion, der Begriff »Kanaanäer« bezieht sich auf die eigene Vergangenheit und die Nicht-Konvertierten in den eigenen Reihen[57]; dieser Antikanaanismus

54 Reinhard Gregor Kratz, Reste hebräischen Heidentums am Beispiel der Psalmen. Göttingen 2004; Christoph Uehlinger, »The ›Canaanites‹ and Other ›Pre-Israelite‹ Peoples in Story and History.« Freiburger Zeitschrift für Philosophie und Theologie 46 (1999), 546–78, und 47 (2000), 173–98; Ders., »Du culte des images à son interdit.« Le Monde de la bible 110 (April 1998), 52–63.

55 Othmar Keel: Die Geschichte Jerusalems und die Entstehung des Monotheismus, 2 Bde., Fribourg/Göttingen 2007 I, 573.

56 Keel, a. a. O., 575, mit Verweis auf J. D. Levenson: »Is there a Counterpart in the Hebrew Bible to New Testament Antisemitism?«, in: JES 22/2, 1985, 242–260.

57 In seinen Homilien zum Buch Josua legt Origenes die Rede von den Kanaanäern allegorisch aus: als unverarbeitete Reste des Heidentums in der eigenen Seele: »In uns sind die Kanaanäer, in uns sind die Perisiter, hier sind die Jebusiter. Wie müssen wir uns anstrengen, wie müssen wir wachsam sein oder wie lange Zeit müssen wir beharrlich fortfahren, damit endlich ›unser Land von Kriegen ruht‹.« (Thomas R. Elßner, Theresia Heither, Die Homilien des Origenes zum Buch Josua. Die Kriege Josuas

charakterisiert zweitens nicht etwa die gesamte Hebräische Bibel, sondern eine ganz bestimmte Richtung, die zuerst beim Propheten Hosea auftritt und dann vor allem die deuteronomistische Tradition bestimmt; sie setzt sich drittens im Antijudaismus des Neuen Testaments fort, und, so kann man hinzufügen, in der Haltung anderer, sich mit dem Exodus identifizierender, kolonialistischer Bewegungen, die sich immer wieder auf die entsprechenden alttestamentlichen Texte berufen (haben), um ihre Gewalttaten zu legitimieren wie die Spanier in Mittel- und Südamerika, die puritanischen Einwanderer in den USA, die Buren in Südafrika und die israelische Siedlerpartei gegenüber indigenen Bevölkerungsgruppen.[58] König Karl V. ließ sich allabendlich Dtn Kapitel 20 vorlesen, wo vorgeschrieben wird, wie man mit den Städten der Kanaanäer zu verfahren hat, »zur Beruhigung des königlichen Gewissens« wegen der Vorgänge in Amerika.[59] Noch im Ersten Weltkrieg verteidigten die Deutschen ihren Überfall auf das neutrale Belgien mit dem Hinweis auf Dtn 2,26ff., der Geschichte des Königs Sihon von Hesbon, der den Israeliten den Durchzug durch ihr Land verweigerte und der darum zusammen mit seinem

---

als Heilswirken Jesu, Stuttgart 2006, 23.) Mein Verständnis der »Kanaaniter« als Symbol für die eigene vor-deuteronomistische und vielleicht sogar vorjahwistische Vergangenheit der Hebräer kommt dieser allegorischen Deutung sehr nahe.

58 O. Keel verweist auf Ferdinand E. Deist: »The Dangers of Deuteronomy. A Page of the Reception History of the Book«, in: F. Garcia Martinez et al. (Hg.), Studies in Deuteronomy in Honour of C. J. Labuschagne, Leiden 1994, 13–29.

59 Wolfgang Reinhard, Globalisierung des Christentums? Schriften der phil.-hist.-Klasse der Heidelberger Akademie der Wissenschaften 41, Heidelberg 2007.

Land vernichtet wurde.[60] In solchen Akten würde ich einen Verstoß gegen das Dritte Gebot sehen. »Du sollst den Namen JHWHs, deines Gottes, nicht missbrauchen«, das heißt heute: Du sollst die Religion (welche auch immer) nicht missbrauchen für politische Gewaltanwendung – wie es ja heute ständig geschieht.

Was solchen Missbrauch angeht, ist es wichtig, zwischen Motivation und Legitimation zu unterscheiden. Religiös *motivierte* Gewalt liegt dann vor, wenn sie als eine heilige Verpflichtung, auch gegen eigene Interessen ausgeübt wird. Gerade der Umgang mit den Kanaanäern ist hierfür ein gutes Beispiel. Im Interesse Israels hätte es gelegen, die Kanaanäer nicht auszurotten, sondern, wenn nicht geradezu zu versklaven, dann für niedere Dienste in Anspruch zu nehmen. So wurde auch mehrfach verfahren, im Zusammenhang mit der Landnahme (Jos 16,10; Jos 17,13 u. a.) und auch weiterhin (Ri 1,27–35), zum Beispiel:

> *Alles Volk, das übriggeblieben war von den Amoritern, den Hetitern, den Perisitern, den Hewitern und den Jebusitern, [...] die im Land übriggeblieben waren, weil die Kinder Israel an ihnen den Bann nicht hatten vollstrecken können, die hob Salomo als Sklaven zur Zwangsarbeit [für seine Bauten] aus; [und so ist es] bis zum heutigen Tag. Aber von den Kindern Israels machte Salomo keine Sklaven, sondern sie waren Kriegsleute und seine Knechte und seine Obersten und seine Wagenkämpfer und Oberste über seine Streitwagen und seine Pferde. Dies*

60 Jürgen Ebach, Das Erbe der Gewalt, Eine biblische Realität und ihre Wirkungsgeschichte, Gütersloh 1980, 89.

sind die Obersten der Vögte, die über die Bauarbeiten Salomos [gesetzt] waren: 550, die über das Volk herrschten, das mit der Arbeit beschäftigt war. (1 Kön 9,20–23)

Diese Praxis, die dem radikalen deuteronomistischen Puritanismus widersprach, gehörte daher, in der Sicht der Deuteronomisten, zu den Sünden, für die Israel mit Vertreibung aus dem Gelobten Land büßen musste. Religiös *legitimierte* Gewalt ist dagegen viel diffuser. Sie liegt dann vor, wenn – wie auch immer motivierte – Gewalt unter Verweis auf Schriftstellen legitimiert wird. Die Form religiöser Gewalt, von der dieses Buch handelt, ist allein religiös *motivierte* Gewalt. In der historischen Wirklichkeit ist allerdings oft schwer zwischen Motivation und Legitimation religiöser Gewalt zu unterscheiden.[61] So darf man zum Beispiel wohl mit Recht bezweifeln, ob die vom harten Kern des Daesh beziehungsweise »Islamischen Staats« (Reste der marodierenden Soldateska des gestürzten Präsidenten Saddam Hussein) ausgeübte Gewalt religiös motiviert ist, während manche der jungen Leute, die sich dieser Terrororganisation angeschlossen haben, möglicherweise von salafistischen, das heißt radikal-puritanischen Motiven geleitet sind.

---

61 Siehe Gert Althoff, Selig sind, die Verfolgung ausüben. Päpste und Gewalt im Hochmittelalter, Stuttgart 2013.

DER MONOTHEISMUS DER WAHRHEIT UND DIE RELIGIONSSATIRE

Der Monotheismus der Wahrheit, der nur Einen Gott anerkennt und für den keine anderen Götter existieren, redet eine andere Sprache. Er verfolgt die »falsche« Religion nicht mit physischer Gewalt, sondern mit Spott und Verachtung. Für den Monotheismus der Wahrheit besteht der Grundirrtum der falschen Religion im Bildkult. Da es die anderen Götter nicht gibt, sind ihre Kultbilder inhaltlose Puppen. Hier steht also das Bilderverbot an zentraler Stelle des im Gottesbund Ge- und Verbotenen.[62]

Der Gott dieser Form des exklusiven Monotheismus ist nicht der Befreier aus Ägypten, sondern der Schöpfer von Himmel und Erde. So heißt es bei Deuterojesaja:

> *Ich bin JHWH, und sonst niemand; außer mir gibt es keinen Gott. Ich erschaffe das Licht und mache das Dunkel, ich bewirke das Heil und erschaffe das Unheil. Ich bin JHWH, der alles vollbringt. (Jes 45,6f.)*
>
> *Denn so spricht JHWH, der den Himmel erschuf, er ist der Gott, der die Erde geformt und gemacht hat – er ist es, der sie erhält, er hat sie nicht als Wüste geschaffen, er hat sie zum Wohnen gemacht –: »Ich bin JHWH, und sonst niemand.« (Jes 45,18)*

---

62 Siehe Sonja Ammann, Götter für die Toren, BZAW 466, Berlin 2015; Hans-Ulrich Steymans, »Götterpolemik«, in: Bibellexikon https://www.bibelwissenschaft.de/stichwort/19736/; zum Bilderverbot und zum Bildbegriff der altorientalischen Religionen siehe Angelika Berlejung, Die Theologie der Bilder (OBO 162), Fribourg/Göttingen 1998 und den Ar-

Hier, wo es die anderen Götter gar nicht mehr gibt, möchte man von einem kognitiven Monotheismus sprechen, der keine Sache der Liebe und Treue, sondern der Erkenntnis ist.

Wie geht nun der Monotheismus der Wahrheit mit dem von ihm als Falschheit Ausgegrenzten und mit seiner Wahrheit Inkompatiblen um? Seine Waffe ist die Satire. Die biblische Religionssatire beruht auf der altorientalischen Gattung der Berufssatire. Deren Verfahren besteht darin, bestimmte berufsspezifische Tätigkeiten als ein zielloses, absurdes Treiben darzustellen, das zu nichts nütze ist, sondern nur ermüdend, verunreinigend und verunstaltend auf den derart Tätigen zurückwirkt und ihn dadurch aus der Gemeinschaft und ihren Wertordnungen sinnvollen sozialen Handelns ausschließt. Die beschriebene Tätigkeit oder Handlungsweise wird komisch verfremdet, indem von bestimmten Voraussetzungen, die ihre Sinnhaftigkeit ausmachen, bewusst abgesehen wird.[63] Die Berufssatire blendet den sinngebenden Rahmen der sozialen Arbeitsteilung aus, die Religionssatire die Sinnvorstellungen der Bildreligion.[64] Hier wird zum Beispiel von der Tatsache abgesehen, dass ein Stück Holz natürlich niemals eo ipso als Götterbild angebetet werden kann, sondern erst einer umständlichen Weihezeremonie unterzogen werden muss, die es mit der Götterwelt in Verbindung bringt und

---

tikel von Michaela Bauks, Bibellexikon (http://www.bibelwissenschaft.de/stichwort/15357/) mit weiteren Literaturangaben.

63 Peter Seibert, Die Charakteristik. Eine altägyptische Sprechsitte und ihre Ausprägungen in Folklore und Literatur, Wiesbaden 1967.

64 Vgl. Anm. 62.

zur zeitweiligen Aufnahme göttlicher Beseelung zubereitet. Das Kultbild, das nur im Zusammenhang einer hochkomplexen Semiotik als solches »funktioniert«, auf seine bloße Materialität zu reduzieren, ist ein verfremdender Trick, der alle Handlungen, die sich darauf beziehen, in das Licht des Absurden stellt. Ich zitiere nur einige Verse aus dem berühmtesten Beispiel, dem 44. Kapitel des Buches Jesaja:

> *Der Schmied facht die Kohlenglut an, er formt (das Götterbild) mit seinem Hammer und bearbeitet es mit kräftigem Arm. Dabei wird er hungrig und hat keine Kraft mehr. Trinkt er kein Wasser, so wird er ermatten. Der Schnitzer mißt das Holz mit der Meßschnur, er entwirft das Bild mit dem Stift und schnitzt es mit seinem Messer; er umreißt es mit seinem Zirkel und formt die Gestalt eines Mannes, das prächtige Bild eines Menschen; in einem Haus soll es wohnen.*
>
> *Man fällt eine Zeder, wählt eine Eiche oder sonst einen mächtigen Baum, den man stärker werden ließ als die übrigen Bäume im Wald. Oder man pflanzt einen Lorbeerbaum, den der Regen groß werden läßt. Das Holz nehmen die Menschen zum Heizen; man macht ein Feuer und wärmt sich daran. Auch schürt man das Feuer und bäckt damit Brot. Oder man schnitzt daraus einen Gott und wirft sich nieder vor ihm; man macht ein Götterbild und fällt vor ihm auf die Knie. […]*
>
> *Den einen Teil des Holzes wirft man ins Feuer und röstet Fleisch in der Glut und sättigt sich an dem Braten. Oder man wärmt sich am Feuer und sagt: Oh, wie ist mir*

warm! Ich spüre die Glut. Aus dem Rest des Holzes aber macht man sich einen Gott, ein Götterbild, vor das man sich hinkniet, zu dem man betet und sagt: Rette mich, du bist doch mein Gott!

Unwissend sind sie und ohne Verstand; denn ihre Augen sind verklebt, sie sehen nichts mehr, und ihr Herz wird nicht klug. Sie überlegen nichts, sie haben keine Erkenntnis und Einsicht, so daß sie sich sagen würden: Den einen Teil habe ich ins Feuer geworfen, habe Brot in der Glut gebacken und Fleisch gebraten und es gegessen. Aus dem Rest des Holzes aber habe ich mir einen abscheulichen Götzen gemacht, und nun knie ich nieder vor einem Holzklotz. (Jes 44,12–19)

Hier ist keine Rede mehr von teuflischen Riten wie Kindesopfer, Unzucht und Verbrechen. Die Satire klagt nicht an, sie zieht ins Komische, verfremdet und stellt die andere Religion als absurdes Treiben bloß und als Folge einer Umnachtung dar, die das Kennzeichen des vom Licht der Offenbarung ausgeschlossenen Heidentums bildet.

Der Prophet Jeremia bedient sich der Religionssatire im 10. Kapitel seines Buchs:

Die Gebräuche der Völker sind leerer Wahn. Ihre Götzen sind nur Holz, das man im Wald schlägt, ein Werk aus der Hand des Schnitzers, mit dem Messer verfertigt. Er verziert es mit Silber und Gold, mit Nagel und Hammer macht er es fest, so daß es nicht wackelt.

Sie sind wie Vogelscheuchen im Gurkenfeld. Sie können nicht reden; man muß sie tragen, weil sie nicht gehen können. Fürchtet euch nicht vor ihnen; denn sie können weder Schaden zufügen noch Gutes bewirken. [...]

Sie alle sind töricht und dumm. Was die nichtigen Götzen zu bieten haben – Holz ist es. Sie sind gehämmertes Silber aus Tarschisch und Gold aus Ofir, Arbeit des Schnitzers und Goldschmieds; violetter und roter Purpur ist ihr Gewand; sie alle sind nur das Werk kunstfertiger Männer.

Der Herr aber ist in Wahrheit Gott, lebendiger Gott und ewiger König. Vor seinem Zorn erbebt die Erde, die Völker halten seinen Groll nicht aus. Von jenen dagegen sollt ihr sagen: Die Götter, die weder Himmel noch Erde erschufen, sie sollen verschwinden von der Erde und unter dem Himmel. (Jer 10,3–11)

Einerseits stoßen wir hier auf dieselbe Technik der Verfremdung wie bei Deuterojesaja, die darin besteht, zwischen Geist und Materie zu unterscheiden und die Götter der Anderen samt dem ihnen gewidmeten Kult der reinen Materie zuzuordnen. Andererseits kommt hier abschließend die theoklastische Tendenz in aller Schonungslosigkeit zum Ausdruck. Ikonoklasmus, Bilderzerstörung, ist Theoklasmus, Gotteszerstörung. Mit den Bildern sollen die Götter verschwinden. Und wieder bildet das Motiv der Torheit die gemeinsame Klammer. Heidentum ist Verblendung, Monotheismus ist Aufklärung. Deuterojesaja und Jeremia unterstellen den Heiden, sie würden das Bild für die Gottheit selbst halten. Dabei war ihnen natürlich vollkommen klar, dass die Heiden nicht Holz, Stein und Metall, also tote Materie anbeten, sondern Gottheiten, mit denen sie im Medium der Bilder in Verbindung treten zu können glaubten. Von diesem kultischen Zusammenhang der Bildanbetung sehen sie aber bewusst ab, wodurch das, was übrig bleibt, das Tun des Priesters vor dem Kultbild, in eine komische Beleuchtung gestellt wird.

Im Hellenismus, der die Juden wie alle anderen alten Kulturen der von Alexander eroberten Welt einem starken Assimilationsdruck aussetzt, gewinnt die Verehrung eines unsichtbaren Gottes und damit das Bilderverbot den Rang eines zentralen Symbols jüdischer Identität von allerhöchster Normativität. So werden in den jüdischen Texten dieser Zeit die Invektiven gegen den »Götzendienst« umfangreicher und schärfer. Die Idolatrie wird immer mehr zur Signatur des Heidentums und zum entscheidenden Kriterium der Abgrenzung von den »Heiden«. Das lange 6. Kapitel des Baruch-Buchs ist diesem Thema gewidmet. Baruch ist der Schreiber des Jeremia. Darum erscheint das Buch in der Septuaginta und in katholischen Bibeln als Anhang zum Propheten Jeremia, es wurde aber nicht in den jüdischen Kanon aufgenommen. Das Kapitel gibt sich als die »Abschrift des Briefes, den Jeremia gesandt hat an die, so gefangen sollten weggeführt werden gen Babel«. Der Brief soll den Exilanten die Furcht vor den Götterbildern nehmen, die nichts als hilflose Puppen aus toter Materie sind. Auch hier treffen wir auf die Sprache, nicht der Gewalt, sondern des Spotts und der Karikatur. Im Folgenden zitiere ich nur eine kurze Blütenlese:

»Ihre Zunge ist vom Werkmeister fein gemacht, und sie sind mit Gold und Silber geziert; aber es sind Werke der

Lüge, und können nicht reden.« (8) »Und sie schmücken die silbernen, goldenen und hölzernen Götzen mit Kleidern, als wären's Menschen. Sie können sich aber nicht verwahren vor Rost und Motten.« (11–12) Die Figur »trägt ein Zepter in der Hand wie ein König; und kann doch niemand strafen, der ihm Leid tut.« (14) »Daran sieht man wohl, daß sie nicht Götter sind. Darum fürchtet sie nicht!« (15)

Die Götzen »sind wie die Balken im Hause, und die Würmer, so auf der Erde kriechen, fressen ihr Herz und ihre Kleider; und sie fühlen's doch nicht. In ihrem Angesicht sind sie schwarz vom Rauch im Hause. Und die Nachteulen, Schwalben und andere Vögel setzen sich auf ihre Leiber und auf ihre Köpfe, desgleichen auch die Katzen.« (20–22) »Sie können einen Menschen vom Tode nicht erretten, noch einem Schwächern helfen wider den Starken; sie können keinen Blinden sehend machen, sie können einem Menschen in der Not nicht helfen; sie erbarmen sich der Witwen nicht, und helfen den Waisen nicht. Denn sie sind hölzern, mit Gold und Silber geziert, den Steinen gleich, die man aus dem Berg haut.« (36–39)

»Alles, was durch sie geschieht, ist eitel Trügerei. Wie soll man sie denn für Götter halten, oder so heißen?« (45) »Denn sie erwecken keinen König im Lande, sie geben den Menschen nicht Regen, und nehmen sich keines Regierens noch Strafens an, so wenig wie die Krähen, so in der Luft hin und wieder fliegen.« (53–54) »Denn wie eine Vogelscheuche im Garten nichts verwahren kann, also sind auch ihre hölzernen, vergoldeten und versilberten Götzen nichts nütze. Und wie eine Hecke im Garten ist, darauf

allerlei Vögel nisten, oder wie ein Toter, der im Grabe liegt, also sind ihre hölzernen, vergoldeten und versilberten Götzen.« (70–71) »Wohl dem Menschen, der gerecht ist, und keine Götzen hat! Der wird nicht zu Spott.« (73)

Ihren schärfsten Ausdruck findet diese polemische Karikatur der anderen Religion in dem apokryphen Buch der Weisheit Salomos aus späthellenistischer Zeit. Der erste Teil dieser satirischen Invektive steht noch unverkennbar in der Tradition von Deuterojesaja und braucht hier nicht wiederholt zu werden. Dann aber verfällt der Text in die Sprache der Gewalt und schlägt einen ganz anderen Ton an, in dem die antagonistische Polemik sehr viel unverhüllter zum Ausdruck kommt:

Verflucht soll das sein, was mit Händen geschnitzt ist, wie auch der, der es schnitzte; dieser, weil er's machte, jenes, weil es Gott genannt wird, obwohl es doch vergänglich ist. Denn Gott sind beide gleich verhasst, der Gottlose und sein gottloses Werk; denn das Werk wird samt dem Meister bestraft werden. Darum werden auch die Götzen der Heiden heimgesucht, denn sie sind in der Schöpfung Gottes ein Greuel und zum Ärgernis für die Seelen der Menschen geworden und zum Fallstrick für die Füße der Unverständigen. Denn Götzenbilder zu ersinnen ist der Anfang der Hurerei, und sie zu erfinden ist des Lebens Verderben. (Sap. Sal. 14,8–12)

Die törichte Verblendung des Heidentums äußert sich nicht nur in dem sinnlosen Treiben, das die Heiden mit ihren Götzenbildern veranstalten, sondern auch in massivem Unrecht und Verbrechen, wobei jetzt noch Unzucht dazukommt:

> *Denn entweder töten sie ihre Kinder zum Opfer oder kommen zu Gottesdiensten zusammen, die sie geheim halten müssen, oder feiern wilde Gelage nach absonderlichen Satzungen und halten so weder ihren Wandel noch ihre Ehen rein, sondern einer tötet den anderen mit List oder kränkt ihn durch Ehebruch; und überall herrschen ohne Unterschied Blutvergießen, Mord, Diebstahl, Betrug, Schändung, Untreue, Streit, Meineid, Beunruhigung der Guten, Undank, Befleckung der Seelen, widernatürliche Unzucht, Zerrüttung der Ehen, Ehebruch und Ausschweifungen. Denn den namenlosen Götzen zu dienen, das ist Anfang, Ende und Ursache alles Bösen (Sap. Sal. 14,23–27).*

Warum versteigt sich dieser Text zu einer so wüsten Polemik und einer so grotesken Verleumdung der anderen, als Heidentum ausgegrenzten Religionen? Die christlichen Kirchenväter stimmen in dieses Lied fast noch lauter ein. In ihrer Zeit schlägt der Spott auf die Götterbilder auch in handgreiflichen Ikonoklasmus um. Viele der altägyptischen Ruinen zeugen bis heute von der christlichen Zerstörungswut und Dämonenfurcht. Dabei verfallen die Ikonoklasten genau dem Irrtum, den sie den »Götzendienern« vorwerfen: Sie verwechseln das Bild mit der Gottheit und glauben, die Götter zu vernichten, wenn sie das Bild zerstören.

Die zitierten Texte zeigen, dass der Unterschied zwischen der Sprache der Gewalt und der Sprache der Verspottung nicht gar so groß ist, und die Geschichte lehrt, dass in diesem Fall der Umschlag von sprachlicher in handgreifliche Gewalt besonders naheliegt. Das Heidentum hört auf, eine andere Form von Religion zu sein, und wird zur Irreligion, Gottlosigkeit, Teufelswerk, Krankheit, Sucht und, natürlich, Sünde. Hier wird eine Art von semantischem Vernichtungskrieg geführt, den das Christentum dann ja auch gewonnen hat. An keinem anderen Beispiel zeigt sich das Problem, das der Monotheismus mit anderen Religionen hat, auf so deutliche Weise wie am Ikonoklasmus.

Dieses Verfahren steht im Dienst des Bilderverbots; ich würde es aber für einen Verstoß gegen eben dieses Verbot halten, denn es arbeitet mit Feindbildern, polemisch verzerrten Stereotypen des Anderen. Es ist legitim, die eigene Wahrheit für inkompatibel mit dem als falsch erkannten zu halten, aber die eigene Wahrheit ist unhaltbar, wenn das für unvereinbar Erklärte nichts Reales, sondern nur ein Bild, eine ins Groteske verzerrte Karikatur ist. In welchem Maße dieses Problem noch heute virulent ist, liegt auf der Hand und braucht hier nicht weiter ausgeführt zu werden.[65]

Zum Schluss möchte ich noch einmal auf die Unter-

65 Die Zerstörung der Kolosse von Bamiyan durch die afghanischen Taliban im Jahre 2001 ist ein ausreichendes Zeugnis. Ob die Verwüstungen des Daesh in Palmyra religiös motiviert sind, bleibe dahingestellt. Immerhin ist es wohl kein Zufall, dass sie gerade das römische Tor als Symbol westlich-imperialer Kultur und den Baal-Tempel als Symbol des vorislamischen Heidentums getroffen haben, während die übrigen Ruinen (rund 80 Prozent) verschont blieben.

scheidung zurückkommen, die ich zwischen einem Monotheismus der Treue und einem Monotheismus der Wahrheit mache. Was die Sprache der Gewalt angeht, verfolgen sie unterschiedliche Strategien und Stoßrichtungen. Beim Monotheismus der Treue geht es um tätiges Eifern gegen die Verräter und Abtrünnigen aus den eigenen Reihen sowie die »Kanaanäer«, die noch nicht zur reinen Lehre Konvertierten. Der Abscheu richtet sich hier vor allem gegen die sakrifizielle Gewalt (vor allem Kindesopfer) der anderen Religion. Der Monotheismus der Wahrheit dagegen nimmt den Bildkult aufs Korn und verspottet die falschen Götter. In den späten Beispielen dieses satirischen Diskurses zielt er aber in Formen krassester Verunglimpfung und Unterstellung auf die Menschen, die diesem Bildkult anhängen und nähert sich darin der Sprache der Gewalt an. Sind die Bildanbeter in den älteren Texten, bei Deuterojesaja und Jeremia, nur verblendete Toren[66], so erscheinen sie in der Weisheit Salomos als Verbrecher. Von Kanaanäern und ihren abscheulichen Riten ist hier nicht mehr die Rede; der Feind ist nun ganz offenkundig das griechische, römische, ägyptische, babylonische Heidentum der hellenistisch-römischen Antike.

Zwischen der einen und der anderen Form von Monotheismus liegt offensichtlich eine zeitliche Schwelle von circa hundert Jahren. Den Monotheismus der Treue zum Befreier haben die Juden zusammen mit dem Mythos vom Auszug aus Ägypten ins babylonische Exil mitgenommen.

66 Vgl. noch einmal Jes 44,18: »Sie haben keine Erkenntnis und keine Einsicht, denn ihre Augen sind verklebt, daß sie nicht sehen, [und] ihre Herzen, daß sie nicht verstehen.«

Dort entwickelte er sich aus einer prophetischen Minderheitsbewegung zur herrschenden Lehre der Exilanten, die sie in Gestalt der Urform der in die Torah eingegangenen Texte kodifizierten. Vielleicht schon in Babylon, aus dem so viele Mythen der priesterschriftlichen Genesis stammen (zum Beispiel der Schöpfungsmythos, der Konflikt von Hirte und Ackersmann, der Sintflutmythos, der Turmbau zu Babel), vielleicht aber auch erst im Persischen Reich (ab 539 vor Christus) entwickelte sich der Monotheismus der Wahrheit, der dem universalen Schöpfer gilt.

Es liegt nahe, den Schritt vom Monotheismus der Treue, der dem Befreier gilt, zum Monotheismus der Wahrheit, den der Einsichtige als den einzigen und wahren Gott erkennt, als Entwicklung vom Unreifen, Anfänglichen zum Reifen, Endgültigen zu begreifen. Hier geht es doch offenkundig um eine Evolution von Monolatrie zum Monotheismus, vom Niederen zum Höheren im Sinne einer Erweiterung der Perspektive, von Ethnizität zu Universalität. Das trifft aber nicht ganz den Sachverhalt. Die der biblischen Religion eigentümliche Idee des Gottesbundes und des Monotheismus der Treue hat sich vielmehr als so stark erwiesen, dass die erst im Exil aufkommende, vielleicht von Babylonien oder Persien übernommene Idee des Einen welterschaffenden Gottes sich keineswegs an ihre Stelle hat setzen können. Im Gegenteil: Es sind die Ideen des Bundes, der Treue, der Befreiung und Verheißung, die das Wesen und vor allem auch den Gefühlsgehalt der biblischen Religion ausmachen und sich im rabbinischen Judentum wie im (vor allem protestantischen) Christentum und in einigen Richtungen des Islam bis heute ausprägen. Der partikulare Monotheismus der Treue und der universale Monotheismus der Wahrheit existieren in dem komplexen, vielstimmigen Kanon der biblischen Schriften nebeneinander, wobei der Monotheismus der Treue die stärkste, die Oberstimme bildet.

Ebenso wie im »Antikanaanismus« der deuteronomistisch inspirierten Texte, die dem Monotheismus der Treue verpflichtet sind, äußert sich auch in der vom Monotheismus der Wahrheit inspirierten Satire der Hass des Konvertiten auf die eigene Vergangenheit. Vielleicht liegt im Begriff der Konversion überhaupt ein Schlüssel für das Problem der Sprache der Gewalt. Konversion gehört zu den Phänomenen, die es nur im Horizont des exklusiven Monotheismus beziehungsweise der Devise »Keine anderen Götter!« gibt.[67] Zu den traditionellen, »heidnischen« Religionen kann man nicht konvertieren. Konversion ist die Sache einer lebenswendenden Entscheidung, und eine Entscheidung setzt eine Unterscheidung voraus. Es ist genau die Unterscheidung, um die es bei der Devise »Keine anderen Götter!« geht: die Unterscheidung zwischen Wahr und Falsch, dem wahren Gott und den falschen Göttern, der wahren und der falschen Religion. Hier geht es um einen neuen, gesteigerten, emphatischen Wahrheitsbegriff, der keine Kompromisse duldet mit dem als Unwahrheit Ausgegrenzten. Hier muss man sich entscheiden.[68] Nie-

67 Arthur D. Nock, Conversion. The Old and the New in Religion from Alexander the Great to Augustinus of Hippo, Oxford 1933. Siehe auch Zander, Europäische Religionsgeschichte, 149, 184, 222–230.

68 Für eine ausführlichere Analyse und Begründung siehe mein Buch »Die Mosaische Unterscheidung oder der Preis des Monotheismus«, sowie jetzt Zander, Europäische Religionsgeschichte.

mand wäre im Bereich des »Heidentums« auf den Gedanken gekommen, die Götter der anderen als »falsch« zu verwerfen. Das wurde erst im Bereich des exklusiven Monotheismus möglich, der jede Form interreligiöser Korrelation und Übersetzbarkeit kategorisch ablehnte. Die Devise »Keine anderen Götter!« bleibt gültig, auch wenn an die Stelle der anderen Götter der Teufel, der Materialismus, die Sexualität, das Streben nach Macht und Reichtum und andere Verführungen dieser Welt treten, die dem einen Gott trotz all seiner Einheit und Einzigkeit Konkurrenz machen.[69] Daher bedarf der exklusive Monotheismus dieser Semantik des Bruches, der Abgrenzung, der Konversion. In diesem Zwang zur Entscheidung, der Pflicht zu Erinnerung und ständigem innerem Nachvollzug und der Angst vor Rückfall und Vergessen wurzeln die Motive der Gewalt, die tief in die Fundamente der kulturellen Semantik monotheistischer Religionen eingelassen sind.

Das Alte Testament ist das Dokument einer Gesellschaft, die – in wiederholten Situationen extremer Unterdrückung – eine in der damaligen Zeit einzigartige kulturelle Metamorphose durchgemacht hat. Diese Metamorphose hat sie in ihrer kodifizierten Erinnerung als »saltus«, als Sprung in eine vollkommen neue Existenzform, eine Art kollektiver Konversion dargestellt. In der nachträglichen Verarbeitung der Katastrophe verdichtet sich die Erfahrung, in der Überlieferung eine tragende Stütze für die in Babylon aufs Äußerste gefährdete Identität der verschleppten Gruppe der Juden gefunden zu haben, zum Begriff der Offenbarung,

69 Vgl. hierzu Moshe Halbertal, Avishai Margalit, Idolatry, Cambridge, Mass. 1992, 37–66.

die ein für alle Mal die jüdische Identität auf die feste, göttlich garantierte Grundlage eines ewigen Gesetzes stellt. In den Begriffen »vom Polytheismus über die Monolatrie zum Monotheismus« lässt sich diese Metamorphose nur höchst unzureichend beschreiben. Erinnerungsgeschichtlich jedenfalls handelt es sich hier nicht um eine Entwicklung entlang irgendwelcher kulturrevolutionärer Linien, für die sich Parallelen und Gesetzmäßigkeiten nachweisen ließen, sondern eher um einen revolutionären Prozess, der sich auf der Ebene individueller Erfahrung nur mit einer Konversion vergleichen lässt. Für den Konvertiten gilt, dass er seine Vergangenheit nicht vergessen darf; er muss sich ein lebendiges Bewusstsein seiner alten Existenzform bewahren, um seine neue Identität mit umso größerer Entschiedenheit und Beständigkeit festhalten zu können.[70] So jedenfalls sehen die biblischen Berichte in der erinnernden und deutenden Rückschau diese Wende, wie immer sie sich auch in der historischen Wirklichkeit abgespielt haben mag.

Das Gegenstück zur Konversion ist die Assimilation: Sie setzt im Gegenteil das völlige Vergessen der Herkunftsidentität voraus. Diese beiden psychologischen Mechanismen prägen sich sehr deutlich auch auf kultureller Ebene in den Schriften des Alten Testaments und insbesondere im Deuteronomium aus. Das Deuteronomium ist von einer Sorge beherrscht: der Sorge um das Gedächtnis und der Angst vor dem Vergessen.[71] Immer wieder schärft es

---

70 Siehe Thomas Luckmann, »Kanon und Konversion«, in: Aleida und Jan Assmann (Hg.), Kanon und Zensur, München 1987, 38–46.

71 Siehe dazu Verf., Das kulturelle Gedächtnis. Schrift, Erinnerung und politische Identität in frühen Hochkulturen, München 1992, Kap. 5, 196–228.

seinen Hörern und Lesern die Warnung vor Vergessen ein. Vergessen ist dabei gleichbedeutend mit Assimilation, nämlich an Brauchtum und Vorstellungswelt des Landes, in das die Israeliten einziehen werden, also Kanaan. Wenn man sich klarmacht, dass Kanaan als Chiffre für die eigene Vergangenheit und die eigenen Landsleute steht, die die Metamorphose noch nicht durchgemacht haben, dann versteht man, dass Assimilation beziehungsweise Vergessen hier gleichbedeutend ist mit einem Rückfall in die frühere Existenzform, dem Schrecken aller Konvertiten. Hinter dem ausgeprägten Anti-Kanaanismus des Deuteronomiums und dem in den späten Texten immer ausgeprägter zutage tretenden Abscheu vor der Bilderverehrung steht also das Pathos der Konversion, die Leidenschaft einer lebenswendenden Entscheidung, die Angst vor dem Rückfall und die Entschlossenheit, den Heiden in sich auszurotten.

Von solchem Pathos der Konversion ist auch der Ruf zur Reue, hebräisch *t^{e}schuvah*, griechisch *metanoia*, getragen. Auch dieser Begriff bedeutet eine radikale Umgestaltung der Lebensführung. Natürlich gibt es überall und seit eh und je Schuld und die entsprechenden Reaktionen der Scham, Reue und Buße. Überall macht der Mensch Fehler und hat hinterher Anlass, sie zu bereuen. Das ist hier nicht gemeint. Hier geht es um eine existenzielle Umkehr aufgrund eines Innegewordenseins der Schuldbeladenheit des ganzen bisherigen Lebens. Es geht nicht um ein spezielles Vergehen, sondern um so etwas wie eine grundsätzliche, existenzielle Sündhaftigkeit, wie sie etwa in Psalm 51 zum Ausdruck kommt. Dort heißt es in Vers 7:

> *Denn ich bin in Schuld geboren; in Sünde hat mich meine Mutter empfangen.*

Und in Vers 19:

> *Das Opfer, das Gott gefällt, ist ein zerknirschter Geist, ein zerbrochenes und zerschlagenes Herz wirst du, Gott, nicht verschmähen.*

Darin scheint sich mir ein neues Lebensgefühl zu äußern, das mit dem neuen, monotheistischen Gottesbegriff zusammenhängt. Ein monotheistischer Gott, ein *monos theos,* hat keine götterweltlichen Partner, sein Partner ist der Mensch, und zwar sowohl in Gestalt des Gottesvolks, Israel, als auch in Gestalt des einzelnen Menschen, der sich von dieser Religion in einer ganz neuen Weise gefordert, ernst genommen, vor Gott hingestellt und als Gegenstand göttlicher Zuwendung und Aufmerksamkeit seinem allwissenden Blick ausgeliefert fühlt. Das »Ich« der Psalmen steht einerseits für ein einzelnes leidendes oder jubelndes, flehendes oder dankendes Individuum, andererseits für jeden, der in vergleichbarer Situation sich vor Gott hingestellt sieht und »Ich« sagen will, und drittens für das Kollektiv-Ich oder Wir des Volkes Israel. In der Exponiertheit dieser neuen Gottesbeziehung ist es ein überlebensgroßes Ich, in dem alle drei Bedeutungen Platz finden. Das Ich ist die wichtigste Arena der Gott-Welt-Beziehung, der Weltzuwendung Gottes, seines innerweltlichen strafenden und heilenden und letztlich erlösenden Wirkens. Was sich theologisch beschreiben ließe als ein Heraustreten Gottes aus der Götterwelt in die Einsamkeit und Einzigkeit der Transzendenz, das tritt in anthropologischer Perspektive in den Blick als eine neue, gesteigerte Form von Subjektivität. Diese neue Subjektivität findet ihren reinsten und stärksten Ausdruck im Gefühl der Reue. Dieses Gefühl scheinen die herkömmlichen Religionen nicht zu kennen. Die Konversion ist der Reue verwandt, auch sie ist eine Umkehr, wenn auch nicht eine Rückkehr wie die Reue. Der Konvertit kommt von außen, er hat sich nicht von Gott entfernt, sondern war ihm in seinem bisherigen Leben ferngeblieben; nun aber »bekehrt« er sich und kehrt um, weil er den bisherigen Weg als den falschen erkannt hat. Konversion und Reue erfordern beide diese negative Selbsterkenntnis; nur wer sein bisheriges Leben als falsch oder sein bisheriges Tun als sündhaft erkennt, ist zur Umkehr fähig. Reue und Konversion sind Dramen, die auf der inneren Bühne spielen und den inneren Menschen betreffen, und die Vermutung drängt sich auf, dass sich diese innere Bühne, die nun zum Schauplatz solcher existenzieller Wandlungen wird, zugleich und in Verbindung mit der monotheistischen Wende in Israel entwickelt.[72]

Cultura facit saltus: Als einen solchen kulturellen Sprung allererster Größenordnung stellt die Torah die Wende zum Monotheismus in der Antike dar – und wer weiß, ob wir, die wir heute über den Monotheismus nachdenken, nicht mitten in einer Wende stehen, die sich in der kulturellen Selbstwahrnehmung und Erinnerung vielleicht einmal als ein Sprung vergleichbarer Größenordnung konstituieren

72 Jan Assmann, Theo Sundermeier (Hg.), Die Erfindung des inneren Menschen, Gütersloh 1993.

wird. Vielleicht ist es auch dieses postmoderne Bewusstsein auf der Schwelle zu einem neuen digitalisierten und globalisierten Zeitalter, das uns dazu treibt, uns über die mosaischen Grundlagen unserer westlichen Welt Rechenschaft abzulegen. In dieser Situation ist es wichtig, sich klarzumachen, dass die Gewalt dem Monotheismus nicht als eine notwendige Konsequenz eingeschrieben ist. Warum sollte die Unterscheidung zwischen Wahr und Falsch gewalttätig sein? Die Sprache der Gewalt entstammt dem politischen Druck, aus dem der Monotheismus gerade befreien will. Sie gehört in die revolutionäre Rhetorik der Konversion, der radikalen Wende und Abkehr, des kulturellen Sprungs aus dem Alten ins Neue. Über diese Schwelle sind wir längst geschritten; sie bedarf keiner eifernden Einschärfung mehr.

Das semantische Dynamit, das in den heiligen Texten der monotheistischen Religionen steckt, zündet in den Händen nicht der Gläubigen, sondern der Fundamentalisten, denen es um politische Macht geht und die sich der religiösen Gewaltmotive bedienen, um die Massen hinter sich zu bringen. Die Sprache der Gewalt wird als eine Ressource im politischen Machtkampf missbraucht, um Feindbilder aufzubauen und Angst und Bedrohungsbewusstsein zu schüren. Daher kommt es darauf an, diese Motive zu historisieren, indem man sie auf ihre Ursprungssituation zurückführt. Es gilt, ihre Genese aufzudecken, um sie in ihrer Geltung einzuschränken.

2
OFFENBARUNG UND WIDERSTAND: DIE TRAGISCHE SEITE DES GOTTESBUNDES

DER »CONFLICT ZWISCHEN UNGLAUBEN UND GLAUBEN« (GOETHE)

Als die mit den Urschriften der späteren Torah aus dem Exil zurückgekehrte Elite sich um 520 vor Christus daran machte, das im Lande verbliebene Volk für die neue Religion zu gewinnen, die nicht mehr wie früher eine Sache frommer Kulte war, sondern auf den Ideen von Bund, Gesetz und Treue basierte und den ganzen Menschen sowie das ganze, Festtag und Alltag bestimmende Leben auf die Grundlage ewig unveränderlicher Gesetze stellte, hatte sie ohne jeden Zweifel mit erheblichen Widerständen zu kämpfen. Diese Erfahrungen spiegeln sich in den Szenen des »Murrens«, in denen das Volk auf seiner Wanderung ins Gelobte Land sich immer wieder gegen JHWHs und Moses Führung auflehnt.

In diesen Szenen wird deutlich, dass die neue Religion der exklusiven JHWH-Verehrung, der Monotheismus des Gottesbundes, der die Existenz der vielen anderen Götter nicht bestreitet, aber die ausschließende Treue zu dem Einen Befreier und seinen Gesetzen fordert, in der zurückerinnernden Imagination nicht nur mit Gewalt durchgesetzt wurde, sondern auch ihrerseits auf gewaltsamen Widerstand stieß. Man darf sich nicht vorstellen, diese neue, auf Offenbarung und Glauben gegründete Religion sei die dominierende Religion Israels in der Zeit des Ersten Tempels gewesen. Vielmehr war sie die Sache einer oppositionellen Bewegung, die von einigen Propheten und ihren Anhängern, einer kleinen Minderheit, getragen und von Anfang bis Ende beim Hof und bei der breiten Masse des Volkes auf teilweise gewaltsamen Widerstand gestoßen war. Schon bei Amos schilt Gott die Israeliten dafür, dass sie »den Propheten gebieten: Ihr sollt nicht weissagen!« (Am 2,12) Jeremia bekommt zu hören: »Weissage nicht im Namen des Herrn, wenn du nicht von unseren Händen sterben willst!« (Jer 11,21), und berichtet von der Hinrichtung des Propheten Uria (Jer 26,20–24). Man darf sich auch nicht vorstellen, dass die Exilanten, die sich in Babylonien eingerichtet hatten, allesamt von der Aussicht begeistert waren, ihr neues Zuhause aufzugeben und die mühsame Wanderung auf sich zu nehmen, um in das zerstörte Jerusalem zurückzukehren, wo ihre Häuser, falls sie überhaupt noch standen, längst von anderen bewohnt waren. Bei vielen wird der Aufruf zur Rückkehr auf Widerstand gestoßen sein.[73]

Dieser anti-prophetische Widerstand findet in der biblischen Sprache der Gewalt reichlichen Ausdruck. Die vielen

73 Vgl. hierzu Thomas Römer: »Exode et Anti-Exode: La nostalgie de l'Egypte dans les traditions du désert«, in: Ders. (Hg.), Lectio difficilior probabilior? L'exégèse comme expérience de décloisonnement. Beihefte zu den Dielheimer Blättern zum Alten Testament 12; Heidelberg 1991, 155–172.

Szenen von Meuterei und Rebellion, in denen sich das Volk beim Auszug aus Ägypten Mose und Aaron entgegenstellt, spielen hierbei eine besonders prominente Rolle. Wenn es hier um die Wende, ja im eigentlichen Sinne um die Konversion zu einer ganz neuen Form von Religion geht, dann hätte der Anspruchs- und Zumutungscharakter dieser Religion gar nicht deutlicher herausgestellt werden können. Der Dienst an JHWH bedeutet zwar die Befreiung aus dem Dienst an Pharao, dem ägyptischen Sklavenhaus *(bêt 'avodîm)*, aber nicht schlechthinnige Freiheit, sondern weiterhin Dienst, wenn auch den wahren, von menschlicher Unterdrückung freimachenden Gottesdienst. In den Szenen des »Murrens« stellt sich die neue Religion, der von Mose verkündete Monotheismus des Bundes und der Treue, als unbequeme und unpopuläre, nur gegen Widerstand und zuweilen mit Gewalt durchzusetzende Idee dar. Das ist der ewige (aber eben doch erst mit dem Bundesschluss am Sinai einsetzende) Konflikt zwischen Glauben und Unglauben, in dem schon Goethe »das eigentliche, einzige und tiefste Thema der Welt- und Menschengeschichte« ausmachte:

> *Das eigentliche, einzige und tiefste Thema der Welt- und Menschengeschichte, dem alle übrigen untergeordnet sind, bleibt der Conflict des Unglaubens und Glaubens.*[74]

Die Erzählung vom Auszug aus Ägypten ist der Gründungsmythos des neuen, mit der Rückkehr der Deportier-

74 Johann Wolfgang von Goethe: »Israel in der Wüste«, in: Noten und Abhandlungen zum West-östlichen Diwan, West-östlicher Divan, hg. von Hendrik Birus, Berlin 2010, 229–248, hier 229f.

ten nach Jerusalem gestifteten »Israel«, das heißt des Judentums des Zweiten Tempels. Was kann angesichts dieser identitätsstiftenden Bedeutung der Sinn einer so ungünstigen Selbstbeschreibung sein? Was haben diese sich ständig wiederholenden Szenen der Empörung zu bedeuten?

In diesen Szenen kommt eine doppelte Form von Widerstand zum Ausdruck: erstens der Widerstand, auf den die Botschaft des Einen Gottes und des mit ihm geschlossenen Bundes bei denen trifft, die in den Bund eingetreten sind und nun die ungeheuren Zumutungen zu spüren bekommen, die der Bund von ihnen erfordert, und zweitens der Widerstand, den dieser Bund und der Eine Gott allem entgegensetzt, was die Menschen bisher geglaubt und praktiziert haben. Diese Religion des exklusiven Gottesbundes *ist* Widerstand und *trifft auf* Widerstand. Sie protestiert gegen die religiöse Praxis des Hofes und des breiten Volks und wird von Hof und Volk verfolgt.[75] Diese Wechselwirkung von Gewalt und Gegengewalt drückt sich in der Sprache der Gewalt der biblischen Texte aus.

Anders als der Abraham-Bund der Genesis, bei dem von Treue und Treubruch, Segen und Fluch nicht die Rede ist, hat der an die Bedingung des Gesetzes geknüpfte Mose-Bund eine helle und eine dunkle Seite. Die dunkle Seite der Bundesidee tritt hervor, sobald der Bund geschlossen ist. Sie besteht in dem Fluch, der ebenso wie der Segen zur Institution des politischen Bündnisvertrags gehört und der durch den so stark betonten eifersüchtigen und »zornmütigen« (Bernhard Lang) Charakter des göttlichen

75 Siehe hierzu grundlegend Morton Smith, Palestinian Parties and Politics that Shaped the Old Testament, New York 1971.

Bundesherrn ganz besonders betont wird. Es ist erstaunlich, mit welcher Schonungslosigkeit die Bibel selbst diese Schattenseite des Gottesbundes herausstellt und betont, welche Opfer die Bundestreue erfordert und welche Ängste und Leiden angesichts der geschichtlichen Katastrophen mit dem Bewusstsein verbunden sind, unter dem Fluch zu stehen und den Segen verspielt zu haben. Die Fluch- und Drohformeln in Lev 26,15–42 und Dtn 28 bauen einen Bedrohungshorizont auf, in dem sich die Bundesgeschichte mit all ihren Segensverheißungen abspielen wird. Den anderen Bundesschlüssen, von denen die Bibel berichtet, dem Noah-, Abrahams- und Davidsbund, ist dieser finstere Charakter ganz fremd, und man geht gewiss nicht fehl in der Annahme, dass es sich zumindest bei den erstgenannten beiden Bundesschlüssen um bewusste priesterliche Gegenentwürfe zum deuteronomistischen Bundesgedanken gehandelt hat.

Der Gottesbund, der sowohl den Auszug aus Ägypten als auch den Einzug in das Land der Verheißung motiviert, bildet den Höhepunkt des Buches Exodus und der gesamten Torah. In diesem Rahmen sind es die Szenen des »Murrens«, die einen durchgehenden Kontrapunkt bilden. In seinem Buch »Exodus and Revolution« hat Michael Walzer diesem Thema eine sehr prominente Stellung eingeräumt.[76] Im Licht seiner politischen Deutung der Exodus-Geschichte sieht er in diesem Motiv den Ausdruck der typischen Schwierigkeiten, mit denen jede Revolution, jeder Versuch einer radikalen Neuerung zu

76 Michael Walzer, Exodus and Revolution, New York 1985, dt. Exodus und Revolution, Berlin 1988.

kämpfen hat. Nach jeder Revolution gilt es, Wüsten zu durchqueren. Das Volk, das sich in erster Begeisterung den Revolutionären anschließt, die ihnen die Befreiung von Unterdrückung versprechen, tritt alsbald in Widerstand zur revolutionären Elite oder Avantgarde, wenn es auf dem mühsamen Weg hin zu einer neuen Ordnung zu Entbehrungen, Zwangsmaßnahmen und Gewalt kommt. In den Szenen des »Murrens« kommt dieser konterrevolutionäre Widerstand zum Ausdruck. Gerade in diesen Szenen, die sich in immer neuen Erfahrungen bewahrheiten, liegt ein wichtiger Grund für die fortwährende Lebendigkeit der Exodus-Erzählung.

Walzer hat recht, die Bedeutung der ständig wiederkehrenden Szenen des »Murrens« zu unterstreichen, in denen sich das Volk gegen Moses Führung und das Projekt der Auswanderung empört.[77] Seine politische Deutung als Ausdruck konterrevolutionären Widerstands trifft zweifellos einen zentralen Aspekt ihrer Wirkungsgeschichte. Hier möchte ich demgegenüber nach ihrer spezifisch religiösen Bedeutung fragen, als Ausdruck des Konflikts zwischen Glauben und Unglauben, wie Goethe sagte.

77 Zu diesen Szenen siehe außerdem David Frankel: The Murmuring Stories of the Priestly School. A Retrieval of Ancient Sacerdotal Lore. VT Suppl. 89, Leiden 2002.

DIE SZENEN DES »MURRENS«

Führen wir uns zunächst noch einmal die Erzählung vom Auszug aus Ägypten vor Augen. Das Buch Exodus ist in seiner Endgestalt, wie wir es in unseren Bibeln lesen, ungefähr im Verhältnis 3:2:3 dreigeteilt. 14 ½ Kapitel Auszug aus Ägypten, 9 ½ Kapitel Bundesschluss am Sinai, 16 Kapitel Bau des Zeltheiligtums. Die beiden ersten Kapitel schildern das Leiden der Israeliten unter der ägyptischen Knechtschaft. Als die Unterdrückung mit der Tötung der männlichen Kinder genozidale Formen annimmt, wird der Retter geboren, der auf wunderbare Weise dem Tod entgeht und am pharaonischen Hof aufwächst: Mose. In diesen beiden Kapiteln ist von Gott noch nicht die Rede. Umso machtvoller tritt er dann in Erscheinung. In den Kapiteln drei bis sechs geht es um die Berufung des Mose, zusammen mit seinem Bruder Aaron die Israeliten aus der Sklaverei herauszuführen. Die Kapitel sieben bis elf beschreiben deren Verhandlungen mit Pharao, dem JHWH das Herz verstockt hat, sodass Gott Gelegenheit hat, mit zehn immer schlimmeren Plagen die Freilassung zu erzwingen; aber dann setzt Pharao den Ausziehenden doch noch mit seinem Heer nach, das im Meer untergeht, durch das die Israeliten vorher trockenen Fußes gewandert sind. Der zweite Teil beschreibt die Wanderung zum Sinai und führt in den Kapiteln neunzehn bis vierundzwanzig zum Höhepunkt, auf den alles zuläuft: die Berufung des Volkes in den Bund mit Gott und die Verkündung der zehn Gebote und übrigen Bundesgesetze. Den dritten Teil bildet die Stiftung der Religion, erst mit der Verkündung des Stiftzelts an Mose in allen seinen Einzelteilen, dann die Krise mit dem Goldenen Kalb, die alles noch einmal infrage stellt, und schließlich nach geglückter Versöhnung die Ausführung des Zeltbaus, die noch einmal in allen Einzelteilen beschrieben wird: die längste Katalogdichtung der Antike.

Die Erzählung erscheint logisch und stringent aufgebaut. Sie beginnt in einer Situation äußerster Unterdrückung und Gottverlassenheit und endet in einer Situation höchster Würde – als auserwähltes Gottesvolk – und innigster Gemeinschaft mit Gott, der inmitten seines Volkes Wohnung nimmt. Genau in der Mitte des vierzig Kapitel umfassenden Buches steht die entscheidende Szene: die Berufung des Volkes in das Gottesbündnis. Diese Szene bildet den Höhepunkt eines Offenbarungsprozesses, der das durchgehende Thema des Buches darstellt und sich in fünf Schritten entfaltet: 1. (nur für Mose) die Offenbarung des Namens JHWH im Wortspiel mit *ʾæh*^{e}*jæh* »ich bin da/werde da sein«, 2. (vor aller Welt) die Offenbarung der überragenden Macht Gottes, der nur deswegen das Herz des Pharao verstockt, damit er in immer neuen, schlimmeren Plagen seine Macht erweisen kann, 3. der Höhepunkt, auf den alles Vorhergehende zuläuft: die Sinai-Offenbarung mit der Berufung des Volks in den Bund und der Verkündung der Gebote und Gesetze, die die Grundlage des Bundes bilden, 4. (wieder nur für Mose) die Offenbarung des Zeltheiligtums, als Modell und als Beschreibung, und 5. (auch dies nur für Mose) die Wesensoffenbarung JHWHs. Zwischen 4 und 5 liegt die Szene mit dem Goldenen Kalb, die den eben geschlossenen Bund wieder bricht und alles aufs Spiel setzt. Mose, dem es gelungen ist, JHWH nach der Krise mit dem Goldenen Kalb wieder zu versöhnen, erbittet sich die Gnade, Gott von Angesicht sehen zu dürfen. Das geht zwar nicht, Mose würde das nicht überleben, aber er darf Gott von hinten sehen und die »Gnadenformel« hören, in der Gott sein Wesen beschreibt. Den Schluss bildet der Einzug von Gottes *kabôd* (»Herrlichkeit«) in das Zelt, der keine Offenbarung mehr ist, sondern einen Dauerzustand der institutionalisierten Gottesgegenwart stiftet.

Das weltumstürzend Neuartige an dieser Offenbarung ist, dass sie ein für alle Mal ergeht und das ganze Gottes-, Welt- und Selbstverhältnis der Menschen auf eine völlig neue und für immer gültige Grundlage stellt. Offenbarungen, das heißt göttliche Willensbekundungen durch Traumerscheinungen und Orakel, kennen andere Religionen auch; sie betreffen aber immer nur einzelne Personen und Situationen, nie das Ganze der religiösen, sozialen und politischen Existenz, und sie ergehen nicht ein für alle Mal, sondern ereignen sich immer einmal wieder. Um diese neue religiöse Kategorie zu fassen und zu vermitteln, reicht ein Wort nicht aus, dazu bedarf es einer Erzählung, und zwar einer Erzählung von fantastischen, grandiosen Dimensionen.[78] Den Höhepunkt dieses Offenbarungsgeschehens bildet die Offenbarung des Bundes.

78 Für diesen Begriff der ein für alle Mal alles neu gründenden Offenbarung gibt es kein Wort im biblischen Hebräisch, ebenso wenig wie in anderen Sprachen. Apokálypsis heißt die Enthüllung der Zukunft, vornehmlich des Weltendes, so auch das lateinische revelatio und unser Wort Offenbarung. Hier geht es aber um etwas ganz anderes.

Die Torah mit dem Buch Exodus ist das Gründungsdokument des Frühen Judentums, wie es sich nach dem Untergang Israels und der Rückkehr aus dem Exil konstituierte. Sie hatte daher nicht nur der Geschichte Gottes mit der Welt, der Menschheit und seinem auserwählten Volk Rechnung zu tragen, sondern auch dem Scheitern dieser Geschichte in der Katastrophe der assyrischen und babylonischen Eroberungen mit dem Totalverlust von Land und Staat, Königtum und Tempel. Diese Katastrophe führte man auf menschliches Verschulden, nämlich auf den Bruch des Bundes zurück, um sie nicht als Versagen Gottes deuten zu müssen. Die Geschichte des Goldenen Kalbs ist die mythische Metapher für Bundesbruch, Strafe und – vor allem – Bundeserneuerung. Der Bund hat Schuld und Strafe überstanden: Das ist der Sinn des fünften und letzten Offenbarungsschritts. Nun erst kann das Zeltheiligtum, das Mose im vierten Akt der Offenbarung gezeigt worden war, gebaut werden.

Die Szenen des »Murrens« bilden, wie gesagt, einen durchgehenden Kontrapunkt zu dem narrativen Bogen der Erzählung. Ich will sie hier kurz zusammenfassen.[79] Es sind insgesamt vierzehn. Die erste ereignet sich noch vor dem Durchzug durch das Schilfmeer, als die Israeliten das ägyptische Heer sehen, das sie verfolgt, und von Furcht ergriffen umkehren wollen, zur letzten kommt es am Ende der vierzigjährigen Wanderung, als die Israeliten in Moab, am Ostufer des Jordan, ihr Lager aufschlagen und auf Einladung der Moabiter an einem Fest ihres Gottes Ba'al Pe'or

79 Für eine ausführliche Behandlung dieser Szenen siehe mein Buch »Exodus«, Kapitel 9.

teilnehmen. Die folgende Tabelle fasst diese Szenen zusammen:

	Text	Tat	Folge (Strafe)
1	Ex 14, 11–12	Angst beim Anblick der ägyptischen Verfolger am Schilfmeer. Zurück nach Ägypten! (Vgl. Ex. 13,17, wo JHWH diese Krise voraussieht.)	–
2	Ex 15, 22–24	Durst. Mara: Mose gelingt auf JHWHs Rat die Verwandlung des bitteren Wassers in Trinkwasser.	–
3	Ex 16, 1–3	Hunger. Sehnsucht nach Fleischtöpfen. Zurück nach Ägypten! Gott schickt Wachteln und Manna.	–
4	Ex 17, 1–3	Durst. Warum aus Ägypten fort? Mose wird fast gesteinigt; auf JHWHs Geheiß schlägt er Wasser aus dem Felsen bei Massa Meriba.	–
5	**Ex 32**	**Als Mose vierzig Tage auf dem Sinai verweilt, verliert das Volk die Hoffnung, ihn lebend wiederzusehen, und lässt sich von Aaron ein goldenes Stierbild (»Kalb«) gießen, das sie durch die Wüste führen soll. Das bedeutet den Bruch des gerade beschworenen Bundes.**	**JHWH will das Volk vernichten; Mose lässt dreitausend Menschen von den Leviten erschlagen.**
6	Num 11, 1–3	Unzufriedenheit. Das Volk beklagt sich. (Tabera).	Feuer bricht aus »am Ende des Lagers«
7	Num 11, 4–35	Sehnsucht nach Fisch und Fleisch. Zurück nach Ägypten! (»Lustgräber«).	»JHWH schlug das Volk mit einer sehr großen Plage.«
8	Num 12, 1–13	Mirjam und Aaron tadeln Mose wegen seines kuschitischen Weibes und seiner Sonderstellung bei Gott.	Gott straft Mirjam mit Aussatz.

9	**Num 14**	**Angst. Die falschen Gerüchte der Kundschafter lösen beim Volk Panik und den Wunsch nach Rückkehr nach Ägypten aus. Mose und Aaron sollen getötet und neue Führer gewählt werden.**	**Gott straft mit vierzigjähriger Wüstenwanderung, sodass die Generation der aus Ägypten Ausziehenden ausstirbt und nur die Jungen, die keine Erinnerung an Ägypten haben, in Kanaan einziehen werden.**
10	Num 16 16, 12–14	Der Aufstand der Rotte Korach, die gleiche kultische Rechte wie Mose und Aaron beansprucht. Datan und Abiram: zurück nach (Ägypten als) »ein Land das von Milch und Honig überfließt«. Das Volk murrt wegen der Toten.	Die Erde verschlingt die Aufständischen, Gott schickt eine Plage, die vierzehntausendsiebenhundert Opfer fordert.
11	Num 17		Gott will das Volk vertilgen aber Aaron schafft rasche Entsühnung.
12	Num 20	Durst. Zurück nach Ägypten! Mose schlägt Wasser aus dem Felsen bei Massa Meriba (= Nr. 3).	Gott straft Mose und Aaron, die nur zum Felsen sprechen, aber ihn nicht schlagen sollten, damit, dass sie nicht ins Gelobte Land einziehen dürfen.

13	Num 21	Hunger. Zurück nach Ägypten! Das Volk ekelt sich vor dem Manna.	Gott straft mit giftigen Schlangen, weist Mose aber das Heilmittel (die eherne Schlange, bei deren Anblick die Gebissenen geheilt werden).
14	Num 25	**Treuebruch: Das Volk feiert mit den Moabiterinnen ein Fest für Ba'al Pe'or.**	**Gott straft mit Pest, an der vierundzwanzigtausend sterben und fordert die Hinrichtung der Anführer. Pinhas gelingt die Versöhnung durch den Mord an Zimri und Kosbi.**

Die ersten vier dieser Szenen ereignen sich noch vor dem Bundesschluss und bleiben folgenlos, weil JHWH sofort Abhilfe schafft. Die folgenden zehn jedoch geschehen im Rahmen des feierlich beschworenen Bundes, erregen JHWHs Zorn und ziehen schwerste Strafen nach sich. Drei dieser Szenen erfüllen in besonderer Weise den Tatbestand des Bundesbruchs (5, 9 und 14, durch Fettdruck hervorgehoben). Bei den ersten beiden ist JHWH entschlossen, das Projekt abzubrechen und das abtrünnige Volk zu vernichten. Mose muss seine ganzen Geistes- und Seelenkräfte einsetzen, um Gott zur Fortsetzung des Unternehmens zu bewegen und mit einer milderen Strafe (dreitausend Tote im Fall des Goldenen Kalbs, »lebenslänglich« statt Tod im Fall der Kundschafter) Vorlieb zu nehmen. Im

Zusammenhang der Kundschafterszene (9) spricht JHWH von zehn solchen Szenen (Num 14,27): » … die mich nun zehnmal versucht und meiner Stimme nicht gehorcht haben«. Die Zehnzahl, wie immer sie zustande kommt, verleiht dem Motiv des Murrens ein besonderes Gewicht und stellt diese »zehn« Szenen den zehn Plagen gleich, mit denen Gott Ägypten schlägt.[80]

In den Szenen des Widerstands spricht das Volk, das Mose aus Ägypten ins Gelobte Land führen muss. Die ganze Schwere dieses Auftrags kommt darin zum Ausdruck. Einmal, nach der sechste Szene, ist Mose nahe daran, aufzugeben.

> *Ich allein kann dieses ganze Volk nicht tragen, denn es ist mir zu schwer.*
> *Und wenn du so mit mir handelst, lass mich lieber sterben, damit ich mein Unglück nicht [mehr] ansehen [muß]! (Num 11,14–15)*

JHWH löst das Problem, indem er die Institution der siebzig Ältesten einführt, die eine Zwischenebene zwischen Mose und dem Volk bilden und die Last der Führungsautorität, die auf Moses Schultern allein ruhte, besser verteilen.[81]

---

80 Vgl. »Pirqē Avôt«, eine frühjüdische Spruchsammlung, die als Traktat in die Mischna eingegangen ist, Kap. 5 Abs. 1–9, wo in einer Zusammenstellung von Zehnheiten in der Bibel nach den zehn Plagen und zehn Wundern in Ägypten auch die zehn »Versuchungen« aufgeführt sind, mit denen »unsere Väter Gott in der Wüste versuchten«.

81 Die Szene ist eine Dublette zu Ex 18, wo Jethro, Moses Schwiegervater, Mose einen ähnlichen Rat erteilt. Auf Jethros Rat hin wird die ganze Masse

Die meisten Szenen (2, 3, 4, 6, 7, 12, 13) stellen den blanken Materialismus des Volkes heraus, dem es nur um Essen und Trinken geht, das sich nach den »Fleischtöpfen Ägyptens« sehnt und mit der Aussicht auf ein Gelobtes Land nichts anfangen kann. Dazwischen schiebt sich eine Sequenz, in der die Autorität Moses infrage gestellt wird, zuerst von seinen eigenen Geschwistern (8), dann von dem levitischen Korach-Clan (10). Diese Kritik geht also nicht vom ganzen Volk insgesamt aus. In schlechtestem Licht aber erscheint das Volk in den drei Szenen, die in der Tabelle durch Fettdruck hervorgehoben sind. Hier geht es um Dummheit, Idolatrie, Verführbarkeit, Unglauben und Untreue.

Szene 5 und Szene 14, die erste und die letzte der im Rahmen des Bundes und der Wüste begangenen Verfehlungen, haben gemeinsam, dass sie gegen das Erste beziehungsweise Erste und Zweite Gebot verstoßen und Gottes Eifersucht erregen, vor der ja JHWH in der Begründung dieser Gebote ausdrücklich warnt:

> *Denn ich, JHWH, dein Gott, bin ein eifersüchtiger Gott, der die Schuld der Väter heimsucht an den Kindern, an der dritten und vierten [Generation] von denen, die mich hassen, der aber Gnade erweist an Tausenden [von Generationen] von denen, die mich lieben und meine Gebote halten. (Dtn 5,9–10 = Ex 20,5–6; vgl. Ex 34,7)*

Die Anbetung des Goldenen Kalbes verstößt gegen das Bilderverbot (und damit auch gegen das Fremdgötterver-

der Ausgewanderten bürokratisch erfasst in Einheiten zu zehn, fünfzig, hundert und tausend Mitgliedern, denen jeweils ein Leiter vorsteht.

bot, da JHWH nicht abbildbar ist und jedes Bild daher von vornherein einen anderen Gott darstellt) und das Fest für Ba'al Pe'or verstößt gegen das Fremdgötterverbot. Diese Szene erregt in besonderem Maße Gottes Eifersucht und ist in dreifacher Weise sexuell konnotiert. Erstens bedeutet die Anbetung eines anderen Gottes eo ipso Ehebruch und »Hurerei« in Hoseas, Jeremias und Ezechiels Metaphorik, zweitens heißt es ausdrücklich, dass die Israeliten bei diesem Fest »sich mit den Moabiterinnen eingelassen« hätten (Num 25,1), und drittens gelingt Pinhas die Besänftigung des Gotteszorns durch den Mord an dem Stammesprinzen Zimri und der Midianiter-Prinzessin Kosbi auf dem Liebeslager. Die Erzählungen vom Goldenen Kalb und der Orgie in Schittîm sind zwei Lehrstücke über Gottes Eifersucht und menschliches Eifern als dem einzigen Mittel, den vernichtenden Zorn Gottes abzuwenden. Sie schärfen ein, was Treue bedeutet und welche furchtbaren Folgen Treuebruch hat. Auch in der Kundschafterszene geht es um Treue, hier aber mit dem Gewicht auf Vertrauen und Glauben. Das hebräische Wort *'æmunah* hat ja genau diese drei Bedeutungen. Das Vergehen der Israeliten liegt im Verlust des Vertrauens auf Gottes Führung und Beistand bei der Eroberung des Gelobten Landes, und auch dies erfüllt den Tatbestand des Bundesbruchs. Bei dieser Szene schlägt überdies das »Murren« in physische Gewalt um. Mose und Aaron sind drauf und dran, gelyncht zu werden und werden nur durch JHWHs Intervention in letzter Sekunde gerettet. In keiner der vierzehn Szenen tritt die latente, mörderische Gewalttätigkeit des »Murrens« so unverhüllt zutage wie in dieser. Der Charakter des Treue- = Bundesbruchs ist allen drei Szenen (5, 9, 14) gemeinsam, 5 und 14 verbindet das Motiv des Eiferns durch Töten für Gott, und 5 und 9 haben gemeinsam JHWHs Entschlossenheit, das ganze Volk zu vernichten, sowie Moses rettende Fürbitte.

MOSE UND DAS GEWALTSAME GESCHICK DER PROPHETEN

Von den Szenen des »Murrens« ausgehend hatte Goethe 1819 in seinem Essay »Israel in der Wüste« die These vertreten, Mose sei beim Auszug aus Ägypten einer Mordtat zum Opfer gefallen.[82] In diesem Aufsatz ging es Goethe darum, die Erzählung vom Auszug aus Ägypten alles Wunderbaren zu entkleiden und auf das Wahrscheinliche zu reduzieren. So reduziert Goethe die biblischen vierzig Jahre der Wüstenwanderung auf zwei Jahre, gegen deren Ende Mose dann, vor der Überschreitung des Jordan, »verschwand […] und wir müßten uns sehr irren, wenn nicht Josua und Kaleb die seit einigen Jahren ertragene Regent-

82 Goethe hatte diesen Aufsatz, der auf älteren Entwürfen beruht, schon 1797 für Schillers »Horen« vorbereitet, aber erst 1819 in den »Noten und Abhandlungen zu besserem Verständnis des West-östlichen Divans« publiziert. Im März 1812 hatte Goethe bereits den Aufsatz von 1797 für das 12. Buch von »Dichtung und Wahrheit« herangezogen, vgl. Dichtung und Wahrheit I 4 und III 12, siehe den Kommentar von Hendrik Birus, West-östlicher Divan, Teilband 2, 1554. Zu Goethes Mose siehe Wolf-Daniel Hartwich, Die Sendung Moses. Von der Aufklärung bis Thomas Mann, München 1997, 95–108.

schaft eines beschränkten Mannes zu endigen, und ihn so vielen Unglücklichen, die er vorausgeschickt, nachzusenden für gut gefunden hätten; um der Sache ein Ende zu machen und mit Ernst sich in den Besitz des ganzen rechten Jordanufers und des darin gelegenen Landes zu setzen.«[83] Nicht in der von Mose verkündeten Religion, sondern in der ungeschickten, zögerlichen und autokratischen Art seiner Führung sieht also Goethe den Grund dafür, dass Mose umgebracht wurde. Diesen Mord versteht er als den Gipfel der Serie von Meutereien, die den Auszug aus Ägypten von Anfang an begleiteten und behinderten, und er geht so weit, diesen Widerstand gegen Mose als das Generalthema der letzten vier Bücher Mose (genau genommen finden sich die einschlägigen Szenen nur in den Büchern 2 und 4) zu verstehen. Der Grund, diese Motivkette so in den Vordergrund zu stellen, ergibt sich aus der erstaunlichen These, mit der Goethe seine Betrachtung der Exodus-Erzählung einleitet:

> *Das eigentliche, einzige und tiefste Thema der Welt- und Menschengeschichte, dem alle übrigen untergeordnet sind, bleibt der Conflict des Unglaubens und Glaubens. […] Die vier letzten Bücher Mosis haben, wenn uns das erste den Triumph des Glaubens darstellte, den Unglauben zum Thema, der, auf die kleinlichste Weise, den Glauben […] zwar nicht bestreitet und bekämpft, jedoch sich ihm von Schritt zu Schritt in den Weg schiebt, […] (so) daß ein großes, edles, auf die herrlichsten Verheißungen eines zuverlässigen Nationalgottes unternommenes Geschäft gleich*

83 Goethe, ebenda, 239.

in seinem Anfange zu scheitern droht, und auch niemals in seiner ganzen Fülle vollendet werden kann.[84]

Mit »Glauben« meint Goethe den Monotheismus, die religiöse Überzeugung, die Ost und West, Islam und Christentum, gemeinsam ist. Aus diesem Grund steht der Essay in den »Noten und Abhandlungen zum West-östlichen Divan«. Zum Monotheismus gehört der Konflikt, der zumindest in der von ihm bestimmten west-östlichen Welt den geheimen Motor der Geschichte bildet. Die These, dass mit dem Monotheismus Intoleranz, Konflikt, Widerstand und dessen gewaltsame Unterdrückung in die Welt gekommen sind, hat schon David Hume vertreten; daran knüpft Goethe an. Im Abraham-Bund der Genesis sieht er den »Triumph des Glaubens«; für ihn beginnt schon mit dem Auszug aus Ägypten die Geschichte des Unglaubens. Das würde man heute wohl anders sehen. Gerade der Auszug vollzieht den entscheidenden Schritt in den Glauben, der seinen höchsten Triumph im Meerwunder feiert. Erst dann, schon unmittelbar vor dem Durchzug durch das Schilfmeer, beginnen die Konflikte.

In ganz anderem Sinne vertrat auch der Alttestamentler Ernst Sellin (1867–1946) die These, dass Mose ermordet worden sei.[85] Hinter dem Mord des Pinchas an Zimri und der Midianiterin Kosbi, deren fürstliche Herkunft Num

84 Ebenda, 230.

85 Ernst Sellin: Mose und seine Bedeutung für die israelitisch-jüdische Religionsgeschichte, Erlangen 1922; Ders., »Hosea und das Martyrium des Mose«, in: Zeitschrift für die alttestamentliche Wissenschaft 46, 1928, 26–33.

25,14f. eigens hervorhebt, verberge sich in Wahrheit der Mord an Mose und seiner midianitischen Frau, als dieser die Umsetzung von Gottes grausamen Befehl verlangt hatte, die Oberen des Volkes »im Angesicht der Sonne« zu pfählen. In dieser Deutung bildet die Szene in Schittîm, die am Ende der Szenen des »Murrens«, der Revolte und Widersetzlichkeit des »halsstarrigen« Volkes auf der vierzigjährigen Wüstenwanderung steht, nicht das Ende der Meutereien auf der Wüstenwanderung, sondern vielmehr den Anfang einer anderen Traditionslinie, die von Mose bis zu Jesus von Nazareth reicht.

Sellin rechnet mit einer Urfassung von Num 25, die Hosea noch gekannt habe:

> *Hosea kennt die Fortsetzung von Num 25,3.5 noch in ihrer ursprünglichen Gestalt, er weiß, daß Mose in Schittim, im Heiligtum seines Gottes, von seinem eigenen Volke nach dessen Abfall zum Baal Peor, wegen dessen er es zur Buße gerufen und jedenfalls Sühne verlangt hat, hinterlistig getötet ist. Mit ihm haben vielleicht seine Söhne den Tod erleiden müssen. Das Ganze ist eine tragische, ergreifende Schilderung sondergleichen.*[86]

Zwar ist Sellin genau wie unter seinem Einfluss später auch Sigmund Freud in seinem Buch »Der Mann Moses und die monotheistische Religion«[87] von dem archäologischen Pathos geleitet, unter der Oberfläche einer beschönigenden Textüberlieferung eine verborgene historische Wahrheit

86 Sellin, Mose, 49f.

87 Amsterdam 1939; Neuausgabe Stuttgart 2010.

aufzudecken und denkt an das tragische Schicksal des *historischen* Mose. Ebenso gut könnten sich seine Beobachtungen aber auch auf den *literarischen* Mose beziehen, eine tragische Variante oder geradezu Urfassung des Exodus-Mythos, die späteren Bearbeitern des Stoffes unerträglich geworden und deshalb abgemildert worden sei.[88]

Sellin zufolge knüpft sich an Moses tragisches Schicksal die Überlieferung vom leidenden und für die Sünden des Volkes sterbenden Gottesknecht, die sich bei den Propheten und vor allem in den Gottesknechtliedern bei Deuterojesaja (Jes 52–53) findet. Damit schlägt er eine Brücke von Mose zu Jesus, dessen Passionsgeschichte die Apostel im Licht der Gottesknechtlieder verstanden haben. Auch wenn bei Hosea nicht ausdrücklich von der Ermordung Moses die Rede ist und auch wenn in den Gottesknechtliedern bei Deuterojesaja der Name Mose nicht vorkommt, gibt es doch Stellen, die sich auf das gewaltsame, tödliche Geschick der Propheten beziehen. In der großen Geschichtsrekapitulation bei Nehemia heißt es:

> *Aber sie wurden widerspenstig und empörten sich gegen dich und warfen dein Gesetz hinter ihren Rücken. Und sie brachten deine Propheten um, die als Zeugen gegen sie*

88 Der Einzige, der (soweit ich sehe) Sellins von Freud aufgegriffene These ernst nimmt, auch wenn er sie in letzter Instanz ablehnt, ist Johan Lust: »Freud, Hosea, and the Murder of Moses«, in: Ephemerides Theologicae Lovanienses 01/1989; 65,1, 81–93. Er beschränkt sich aber auf die eine Stelle Hos 12,15–13,1, ohne die zahlreichen anderen Stellen bei Hosea zu beachten, die Sellin für seine These heranzieht, geschweige denn auf die große Traditionslinie einzugehen, die Sellin über Jeremia, Deuterojesaja, Nehemia und Sacharja bis zu Jesus auszieht.

auftraten, um sie zu dir zurückzuführen; und sie verübten große Lästerungen. (Neh 9,26)

Und bei Lukas ruft Jesus aus: »Jerusalem, Jerusalem, das da tötet die Propheten und steinigt, die zu ihm gesandt sind!« (Luk 13,34 = Mt 23,37). Bei Lukas und Matthäus geht Jesus speziell auf die Ermordung Sacharjas ein:

Darum hat auch die Weisheit Gottes gesagt: Ich werde Propheten und Apostel zu ihnen senden, und einige von ihnen werden sie töten und vertreiben, damit das Blut aller Propheten, das von Grundlegung der Welt an vergossen worden ist, von diesem Geschlecht gefordert werde: von dem Blut Abels an bis zu dem Blut des Zacharias, der zwischen dem Altar und dem Haus umkam; ja, sage ich euch, es wird von diesem Geschlecht gefordert werden. (Luk 11,49–51, vgl. Mt 23,34–36)

Auch in seiner Apostelgeschichte kommt Lukas auf dieses Thema zurück und lässt Stephanus in seiner großen Geschichtskapitulation fragen:

Welchen der Propheten haben eure Väter nicht verfolgt? Und sie haben die getötet, welche die Ankunft des Gerechten zuvor verkündigten, dessen Verräter und Mörder ihr jetzt geworden seid, die ihr das Gesetz durch Anordnung von Engeln empfangen und nicht befolgt habt. (Apg 7,52f.)[89]

89 Hierzu Odil Hannes Steck, Israel und das gewaltsame Geschick der Propheten. Untersuchungen zur Überlieferung des deuteronomistischen

Hier ist also ganz ausdrücklich von Prophetenmord die Rede.[90] Davon geht Sellin aus und sieht in Mose das erste Opfer dieses mörderischen anti-prophetischen und anti-monotheistischen Widerstands. Er nimmt an, dass sowohl die Lehre des Mose als auch das Wissen um seinen Tod nur »das Besitztum eines kleinen Kreises« gewesen ist.

> *Von vornherein dürfen wir nicht erwarten, sie [Moses monotheistische Botschaft, J.A.] in dem offiziellen Kulte, in dem Glauben des Volkes anzutreffen. Wir können von vornherein nur damit rechnen, daß bald hie bald da einmal ein Funke wieder auftaucht von dem Geistesbrande, den er einst entzündet hat, daß seine Ideen nicht ganz ausgestorben, sondern hie und da auf Sitte und Glauben eingewirkt haben, bis sie etwa früher oder später unter der Einwirkung besonderer Erlebnisse oder von seinem Geiste besonders erfasster Persönlichkeiten einmal wieder stärker hervorbrachen und Einfluss gewannen auf breite Volksmassen.*[91]

Sellin denkt an eine kleine oppositionelle Gruppe, die mit schweren, mitunter tödlichen Widerständen vonseiten des

---

Geschichtsbildes im Alten Testament, Spätjudentum und Urchristentum. WMANT 23, Neukirchen-Vluyn 1967, 265ff., und Kerstin Schiffner, Lukas liest Exodus. Eine Untersuchung zur Aufnahme ersttestamentlicher Befreiungsgeschichte im lukanischen Werk als Schrift-Lektüre. BWANT IX.12, Stuttgart 2008, 385, die hervorheben, dass Lukas Stephanus in die Tradition der deuteronomistischen Prophetie stellt.

90 Siehe auch H.-J. Schoeps, »Die jüdischen Prophetenmorde«, in: Aus frühchristlicher Zeit. Religionsgeschichtliche Untersuchungen, Tübingen 1950, 126–143.

91 Sellin, Mose, 52f.

Hofs und des breiten Volks zu kämpfen hatte und nicht nur die mosaische Botschaft, sondern auch das Bewusstsein von dem ihr entgegengebrachten Widerstand wachgehalten hat.[92] An den ermordeten Mose habe sich Sellin zufolge sogar die messianische Hoffnung auf seine Wiederkehr – so wie im späteren Judentum an Elia – geknüpft. Darauf soll sich die Szene von Jesu Verklärung beziehen, in der den Jüngern auf dem Berg Tabor neben dem verklärten Jesus auch Mose und Elia erscheinen. Sellin geht sogar noch einen Schritt weiter: Nicht nur die Erinnerung an Mose, sondern vor allem auch die Erinnerung an die schwere Sünde seiner Ermordung und damit auch an alle anderen Untaten, die an seinen Nachfolgern verübt wurden, sei im Volk lebendig geblieben und habe schließlich zu einer Art kollektiver psychischer Erkrankung geführt. Für ihn ist es ein gesichertes

> *Faktum, daß noch im 3. Jahrhundert vor Christus [S. bezieht sich auf Deuterosacharja] trotz aller Vertuschungen von priesterlicher Seite die Tradition von dem Märtyrertod des Mose lebendig gewesen ist, daß dieser Mord und Abfall von ihm als die große Sünde des Volkes empfunden*

92 Was diese Gruppe angeht, hat Albert de Pury die prophetischen Kreise des 9. und 8. Jahrhunderts und (mit Verweis auf H. W. Wolff und R. R. Wilson) das oppositionelle Landlevitentum des Nordreichs vorgeschlagen, aus denen dann die »Jahwe-allein-Bewegung« (Morton Smith) hervorging, siehe A. de Pury: »Erwägungen zu einem vorexilischen Stämmejahwismus. Hos 12 und die Auseinandersetzung um die Identität Israels und seines Gottes«, in: Walter Dietrich, Martin A. Klopfenstein (Hg.), Ein Gott allein? JHWH-Verehrung und biblischer Monotheismus im Kontext der israelitischen und altorientalischen Religionsgeschichte (OBO 139), Fribourg/Göttingen 1994, 413–439.

worden ist, an der es todkrank geworden, und die erst gehoben werden muß, ehe das Heil hereinbrechen kann. An der Verwerfung des eigenen Religionsstifters, der ihm den schlichten Glauben an den einen heiligen Gott und dessen klaren und einfachen sittlichen Willen gebracht, ist das Volk zugrunde gegangen und nur durch die Zuwendung zu ihm kann es sein Heil wieder finden.[93]

Heute ist Sellins Buch vollkommen in Vergessenheit geraten[94] und führt nur noch wie die Mücke im Bernstein ein Schattendasein in Fußnoten zu Freuds Moses-Buch, das doch offenbar viel stärker von Sellin beeinflusst ist als von ihm zugestanden und bisher angenommen. Freud hat sich nicht nur Sellins Mordthese zu eigen gemacht, sondern hat bei ihm sogar die These einer psychohistorischen Pathologie finden können, die er natürlich ganz anders als Sellin diagnostizieren zu können glaubte. Die große Linie ist ihm aber entgangen, die Sellin über zahlreiche andere Bibelstellen hinweg bis zu den deuterojesajanischen Gottesknechtliedern und damit bis ins Neue Testament ausziehen konnte.[95]

93 Sellin, Mose, 114.

94 Es wird zum Beispiel in Odil Hannes Stecks 380 Seiten starker ungemein reich bibliografierter Monografie »Israel und das gewaltsame Geschick der Propheten«, die doch weitgehend demselben Thema gewidmet ist, nicht angeführt. Eine Ausnahme bildet das ausführliche Referat von Sellins Buch und dessen Bedeutung für Freud von W. D. Hartwich, Die Sendung Moses, 199–202, siehe auch die folgende Anmerkung.

95 Zu Freud und Sellin vgl. J. van Ruiten, P. Vandermeersch, »Psychoanalyse en historisch-kritische exegese. De actualiteit van Freud's book over Mozes«, in: Tijdschrift voor Theologie 34, 1994, 269–291; siehe auch Herman Westerink, A Dark Trace. Sigmund Freud on the Sense of Guilt, Leuven 2009.

Freud hatte schon in »Totem und Tabu« (1913) die Religion im Allgemeinen als eine kollektive Zwangsneurose diagnostiziert. In seinem Moses-Buch, auf das ich hier nicht näher eingehen will[96], wird diese Diagnose jetzt auf die Pathogenese der monotheistischen Religion zugespitzt. Die unwiderstehliche Gewalt, mit der sich der Monotheismus in der Alten Welt durchgesetzt hat, erklärt er mit seiner Neurosentheorie (»Frühes Trauma – Abwehr – Latenz – Ausbruch der neurotischen Erkrankung – teilweise Wiederkehr des Verdrängten: so lautete die Formel, die wir für die Entwicklung einer Neurose aufgestellt haben«[97]) als die Wiederkehr des Verdrängten. Nicht eine marginalisierte Überlieferung (wie Sellin sich das vorstellte), sondern die starke, zwanghafte Resonanz, auf die das Dogma der monotheistischen Vaterreligion bei den Juden stieß, die das Trauma des Mords an Mose verdrängt hatten, erklärt den nachträglichen, überwältigenden Erfolg des Monotheismus.

Die entscheidende Frage ist nicht, ob Mose tatsächlich ermordet wurde, wie Freud annimmt, und ob Hosea auf dieses Verbrechen anspielt, wie Sellin behauptete, zwei Thesen, die heute niemand mehr ernsthaft vertreten wird. Der Punkt ist vielmehr, dass es im Alten und im Neuen Testament eine dichte Tradition über die Verfolgungen gibt, denen die Propheten mit ihrer monotheistischen Botschaft vonseiten ihrer Zeitgenossen ausgesetzt waren und über das Schuldgefühl, das sich im Volk mit dieser Überlieferung verbunden hat. In den Kreisen der prophetischen und deuteronomistischen Opposition herrschte

96 Siehe dazu Verf., Exodus, Kap. 9, Abschnitt 2.

97 Freud, Der Mann Moses, 1939/2010, 101.

das Bewusstsein, nicht nur schwere Sünden begangen zu haben, die den Tatbestand des Bundesbruchs erfüllen, sondern dann auch noch die Boten verfolgt und zum Teil umgebracht zu haben, die Gott seinem Volk sandte, um es vor dem Gericht und der unvermeidlichen Strafe zu warnen. Diese Tradition herausgearbeitet und in ihrer mentalitätsgeschichtlichen Dimension beleuchtet zu haben, ist das Verdienst von Sellins fast vergessenem Buch.[98] Entscheidend ist der mörderische Hass, der Mose immer wieder entgegenschlägt und zweimal (4 und 9) fast zu seiner Steinigung führt. Dadurch hat sich das Volk genügend an seinem Propheten versündigt, auch wenn es ihn nicht de facto erschlagen hat. Der Widerspruch, auf den Mose mit seiner Führung und seiner Botschaft bei den Israeliten stößt, setzt sich im Gelobten Land mit den Propheten nur noch verstärkt fort. In der Wüste bot sich den Israeliten wenigstens nicht die Gelegenheit wie zuerst in Moab, von JHWH zu anderen Göttern abzufallen. Außerdem hatte zumindest eine Elite die Verheißung und das Ziel vor Augen, das sie allen Anfechtungen zum Trotz immer wieder an den Sinn ihrer Wanderung glauben ließ. In Kanaan selbst aber kommt es nicht mehr auf Hoffnung an, sondern auf Erinnerung. Aber anstatt sich an die Heilstaten Gottes zu erinnern, dienen sie den Göttern des Landes und häufen eine Sünde auf die andere.

98 Dass es sich bei der Tradition vom »gewaltsamen Geschick der Propheten« nicht um historische Tatsachen, sondern um ein ideologisches Konstrukt handelt, macht die Sache nur umso interessanter. Von keinem Propheten, worauf mich Othmar Keel hinweist, ist sein gewaltsamer Tod als historische Tatsache nachweisbar.

Die von Sellin nur angedeutete Linie von Nehemia bis Lukas zieht Odil Hannes Steck aus in seiner Dissertation über »Das gewaltsame Geschick der Propheten«.[99] Steck erschließt aus einer Fülle biblischer (alt- und neutestamentlicher) und außerbiblischer (Qumran, Midrasch, Talmud) Quellen die Vorstellung, Israel habe den ihm von Gott gesandten Propheten nicht nur kein Gehör geschenkt, sondern sie geradezu umgebracht. Den ideologischen Kontext dieser Vorstellung sieht er im deuteronomistischen Geschichtswerk mit seiner Tendenz, das Unglück, das Israel befallen hat (722 mit dem Untergang des Nordreichs und 587 mit dem des Südreichs), als Strafe Gottes für Israels permanenten Ungehorsam zu deuten und lieber jede Schuld auf sich zu nehmen, als annehmen zu müssen, dass Gott sich von Israel abgewendet, die Erwählung widerrufen und das Projekt einer gemeinsamen Geschichte abgebrochen habe. Das führt zur Herausbildung eines immer wiederkehrenden Schemas, das Steck als »deuteronomistische Prophetenaussage« bezeichnet:

A Das widerspenstige, ungehorsame Volk,
B durch Propheten zur Umkehr ermahnt,
C blieb halsstarrig/C[1] tötete die Propheten
D und zog sich die Strafe Gottes zu.

In der Form ABCD durchzieht dieses Schema das ganze deuteronomistische Geschichtswerk und die Bücher der Gerichtspropheten (vor allem Jeremia); in der verschärften

99 Siehe Anm. 89.

Form ABC[1]D begegnet es zuerst bei Nehemia und dann in einer erstaunlichen Dichte in zwischentestamentlichen, neutestamentlichen und rabbinischen Quellen sowie bei Flavius Josephus. Die Hoffnungen auf eine Erneuerung des Bundes im Zeichen der Heilsgeschichte haben sich nicht erfüllt; Israel steht als Provinz erst im persischen, dann im seleukidischen und zuletzt im Römischen Reich weiterhin unter dem Gericht, und so »lastet auch die gesamte Schuldgeschichte des Volkes, die dieses Gericht beschworen hat, auf ihm«.[100] In der fortwährenden Präsenz des Schemas sieht Steck mit Recht kein Zeichen einer literarischen Abhängigkeit dieser späten Texte vom deuteronomistischen Geschichtswerk, sondern den Ausdruck einer »lebendigen Vorstellung«, das heißt einer Mentalität, eines allgemeinen Schuldgefühls, wie es Ernst Sellin und Sigmund Freud auf den Mord an Mose zurückführen wollten. Dieses Schuldgefühl steht im Banne des deuteronomistischen Geschichtsbilds, das sich »in Sündenbekenntnissen und Bußgebeten lebendig erhalten hat«[101], also im Rahmen eines liturgischen Sitzes im Leben.

Zum Abschluss dieses Kapitels möchte ich noch einmal auf die vierzehn Szenen des »Murrens« auf der Wanderung des Volkes vom »Schilfmeer« bis zum Jordan zurückkommen. Sie haben Gewalt zum Thema und gehören daher zentral in den Zusammenhang dieses Buches. Einerseits fließt die Gewalt aus der Widerspenstigkeit des Volkes, die sich hier aus den Entbehrungen der Wüstenwanderung ergibt, die aber, wie gezeigt wurde, den allgemeinen und

100 Steck: Israel und das gewaltsame Geschick der Propheten, 125.
101 Ebenda, 133.

existenziellen Widerstand präfiguriert, den die Welt dem Heilswillen Gottes entgegenbringt: »das Licht schien in der Finsternis und die Finsternis hat es nicht angenommen« (Joh 1,5). Diese Gewalt ist andererseits Strafgewalt aufseiten des erzürnten Gottes, die aber erst nach dem Bundesschluss in Erscheinung tritt und unabdingbar mit der Rolle des Bundesherrn zusammenhängt, auf die sich Gott mit dem Volk Israel eingelassen hat. Für JHWH gilt, dass er bei all seiner unerschöpflichen Treue und Barmherzigkeit kein Vergehen ungestraft lassen kann, und für das Volk gilt, dass der von beiden Seiten beschworene Bund einen Sinnrahmen stiftet, in dem alle Taten Folgen haben und die guten belohnt, die bösen bestraft werden.

Zorn und Erbarmen bedingen sich gegenseitig und folgen beide mit logischer Notwendigkeit aus dem Gedanken göttlicher Weltzuwendung. Wer Gott diese Affekte abspricht, leugnet die Weltzuwendung Gottes und macht ihn zu einem deus otiosus, dem keine Anbetung zukommt. Ein Gott, der keinen Zorn kennt, braucht keinen Kult: *religio esse non potest ubi metus nullus est* (»Religion kann es nicht geben, wo es keine Furcht gibt«).[102] Zorn, Liebe und Erbarmen sind Attribute des göttlichen Richteramts und für den Fortgang der Heilsgeschichte unabdingbar. Denn »hätte Gott sie nicht, dann geriete das Menschenleben in Verwirrung und der Zustand der Welt käme in solche Unordnung, dass die Gesetze verachtet und übergangen würden und allein die Frechheit herrschte, und dass letzten Endes sich niemand

102 L. Caelii Firmiani Lactantii, De Ira Dei Liber/Laktanz, Vom Zorne Gottes, hg., übertragen und erläutert von Heinrich Kraft und Antonie Wlosok, Darmstadt 1957, 11.15.

sicher fühlen könnte als allein der Stärkere. So würde, wie durch eine allgemeine Räuberbande, die ganze Erde verwüstet. Nun aber können die Bösen mit Strafe, die Guten mit Gnade und die Unglücklichen mit Hilfe rechnen«.[103]

Wir haben es hier, wie eingangs erwähnt, mit einer im Zeichen der Katastrophe entwickelten Theologie zu tun, die mit der Darstellung des Gottesbundes zugleich dem Bundesbruch und dem Scheitern der Geschichte Rechnung zu tragen hat, auf die sich JHWH mit dem aus Ägypten befreiten und am Sinai in den Bund berufenen, zur Treue verpflichteten Volk eingelassen hat. Die einzige Möglichkeit, diesem Scheitern, dem Verlust von Staat, Königtum, Land und Tempel einen Sinn abzugewinnen, der die Hoffnung auf einen Neuanfang begründet, sahen die deuteronomistisch inspirierten Theologen darin, es als Strafe Gottes zu deuten für die unzähligen in den Jahrhunderten des Königtums angehäuften Verfehlungen in Sachen kultischer Reinheit und sozialer Gerechtigkeit. In der Situation von Flucht und Vertreibung, Deportation und Gefangenschaft musste dieser Sinnrahmen wie ein Rettungsanker wirken, der durch alle Leiderfahrungen hindurch die Hoffnung auf einen Neuanfang wachhielt. »Aber selbst auch dann, wenn sie in dem Land ihrer Feinde sind, werde ich sie nicht verwerfen und sie nicht verabscheuen, ein Ende mit ihnen zu machen, meinen Bund mit ihnen ungültig zu machen; denn ich bin der HERR, ihr Gott.« (Lev 26,44) Zugleich mit dieser Hoffnung aber enthielt dieser selbe Sinnrahmen auch das Bedrohungsszenarium

103 Ebenda, 16.8.

von Schuld und Gotteszorn, ebenso wie das Verheißungsszenarium des Gelobten Landes.

Beide Szenarien setzen einander gegenseitig voraus, bedingen und determinieren sich gegenseitig. Deshalb darf man die Bedrohung, die Furcht, auf der nach Laktanz die Religion beruht, nicht absolut setzen und aus demselben Grund würde ich auch den Begriff der »Phobokratie«, den Peter Sloterdijk auf den am Sinai geschlossenen Bund anwendet, nicht für ganz angemessen halten.[104] Eine typische Phobokratie ist etwa Thomas Hobbes' auf Furcht gegründete Konstruktion des absoluten Staates. Der im Naturzustand des Kampfes aller gegen alle herrschenden Furcht machen die Menschen dadurch ein Ende, dass sie einen Vertrag schließen, sich entwaffnen, alle Gewalt einem Herrscher übertragen und dadurch ungeregelte Menschenfurcht in regelbasierte Herrscherfurcht transformieren. Indem die Bundestheologie das politische Modell des Bündnisvertrags übernimmt, übernimmt sie auch die Herrscherfurcht, ergänzt sie aber um Verheißungen, wie sie kein irdischer Herrscher jemals an die Vertragstreue knüpfen kann. Daher ist Gottesfurcht *(jir'at JHWH)* etwas anderes als Herrscherfurcht. So schreibt Thomas Mann von Abrahams Gottesfurcht: »So war die Gottesfurcht nicht ganz allein Furcht im eigentlichen Sinne des Wortes, nicht nur Zittern und Beben, sondern auch Verbundenheit, Vertraulichkeit und Freundschaft, beides in einem.«[105]

---

104 Peter Sloterdijk, Im Schatten des Sinai. Fußnote über Ursprünge und Wandlungen totaler Mitgliedschaft, Berlin 2013.

105 Thomas Mann, Joseph und seine Brüder, Ausgabe in einem Band, Frankfurt 1974, 317.

Die Verheißungen der Bundestheologie gehen weit über das Gelobte Land hinaus. Im Gegenteil, blickt man auf die aller Wahrscheinlichkeit nach ursprüngliche Komposition des Geschichtswerks, das erstmals Genesis und Exodus, Schöpfung und Offenbarung, vereinigte, dann kommt das Land darin gar nicht vor. Diese grandiose Komposition beginnt mit der Schöpfung der Welt und endet mit der Schöpfung des Heiligtums, in dem JHWH »inmitten seines Volks« Wohnung nimmt; und dieses Heiligtum ist ein mobiler Tempel, der überall aufgeschlagen werden kann, wo sich das Volk befindet. Auch von diesem Aspekt her zeigt sich, dass wir es mit einer Theologie zu tun haben, die von der Erfahrung des Verlusts von Land, Königtum und Tempel geprägt ist und eine Religion entwirft, die ohne diese äußeren Rahmenbedingungen auskommt. Das eigentliche Thema der Verheißung ist die Gemeinschaft mit Gott. »Ich werde in eurer Mitte leben und werde euer Gott sein, und ihr werdet mein Volk sein.« (Lev 26, 11f.) Propheten wie Hosea und – uns zeitlich näherliegend – Arnold Schönberg sind sogar so weit gegangen, zu behaupten, dass die wahre Gemeinschaft mit Gott überhaupt nur in der Wüste möglich sei und die wandernde Wüstengemeinde den Idealtyp der Bundesreligion darstelle. Für Schönbergs Moses ist auch das »Gelobte Land« nur ein Bild, das den Gedanken verfehlt, Idolatrie. »Aber in der Wüste seid ihr unüberwindlich und werdet das Ziel erreichen; Vereinigt mit Gott.«[106]

Das Christentum hat den bundestheologischen Sinnrahmen dadurch noch einmal drastisch verschärft, dass es die

106 Arnold Schönberg, Moses und Aron, III. Akt 1. Szene.

Idee der Befreiung aus Ägypten, das heißt aus menschlicher Unterdrückung, durch die Idee der Erlösung von Sünde und Tod ersetzte und damit an die Stelle des Begriffspaares von Knechtschaft und Freiheit den Dualismus von Heil und Verdammnis beziehungsweise Himmel und Hölle setzte. Hölle, Weltgericht und ewige Verdammnis stellen ein ganz anderes Bedrohungsszenarium dar als der Gotteszorn des Alten Testaments oder, genauer gesagt, der deuteronomistischen Tradition.

Die erstaunliche Dominanz des Themas »Widerstand« in den biblischen Texten, nicht erst im deuteronomistischen Geschichtswerk, sondern bereits in der Exodus-Erzählung selbst, ist – um das abschließend noch einmal zu unterstreichen – nur aus der posttraumatischen Situation zu erklären, in der diese Texte entstanden sind. Ginge es nur um den Gründungsmythos Israels, wäre nicht einzusehen, warum das Volk, dessen Entstehung diese Geschichte erzählt, darin so schlecht wegkommt und zu seinem Glück gezwungen werden muss, als welches doch die Befreiung aus ägyptischer Unterdrückung und die Erwählung zu einem Bund und einer Wohngemeinschaft mit Gott in einem fruchtbaren Land, also die Wende zum Monotheismus verstanden werden will. Die Erzählung verdankt ihre düstere Einfärbung allein dem Umstand, dass sie mit der Entstehung des Volkes zugleich auch dessen letztlichen Untergang umfassen muss. Will sie den Gedanken von Bund und Erwählung retten, der allein imstande ist, die Unbilden der Gegenwart als einer fortwährenden Leidenszeit zu bewältigen, muss sie sie als das fortwährende Strafgericht Gottes deuten, der zumindest als Zürnender und Strafender im Bund verbleibt und seinem widerspenstigen Volk die Treue hält. Die Idee vom Strafgericht und Zorn Gottes ist eine Figur der Theodizee. Jetzt zeigt sich, dass zu der Unterscheidung von Freund und Feind, die innerhalb des Bundes gilt, auch die von Segen und Fluch gehört.

3 DIE TOTALE RELIGION UND DER RELIGIÖSE ERNSTFALL

CARL SCHMITTS LEHRE VOM ERNSTFALL

Unsere Untersuchung der »Sprache der Gewalt« in der Bibel hat sich bisher auf der Ebene einer weitgehend mythischen literarischen Überlieferung bewegt, wie viel an historischer Erfahrung auch immer in diese Darstellungen eingegangen sein mag. Es konnte aber im Laufe der ständig wachsenden Normativität und Kanonizität dieser Schriften[107] und im Zusammenhang der damit verbundenen sozialen Konsequenzen und Konflikte nicht ausbleiben, dass den Worten Taten folgten. Für die Frage nach den historischen Bedingungen solcher Verschärfung möchte ich auf Carl Schmitts berühmt-berüchtigte Theorie des Politischen zurückgreifen. Schmitt definiert das Politische bekanntlich anhand der Unterscheidung zwischen Freund und Feind.[108] Mir geht es hier nicht um eine Theorie des Politischen, für die ich diese Bestimmung ganz ungenügend finde, sondern um die Dynamik der Verschärfung

107 Zur Kanonbildung im frühen Judentum siehe T.H. Lim, The Formation of the Jewish Canon, New Haven, CT 2013.

108 Carl Schmitt, Der Begriff des Politischen. Text von 1932 mit einem Vorwort und drei Corollarien, Berlin 1979 (im Folgenden: BP), 7.

von Polarisierung, für die die Unterscheidung von Freund und Feind auf der Hand liegt. Schauen wir uns daher Schmitts Gedankengang etwas genauer an.

Schmitt definiert das Politische als das Polarisierende, nämlich als jenes Prinzip oder Kriterium, nach dem sich die Menschen in Freund und Feind gruppieren. Das bleibt aber im normalen Leben verborgen. Da werden mit den anderen Verhandlungen geführt, Verträge geschlossen und in verschiedensten Formen kommuniziert und kooperiert. Erst im Ernstfall des Krieges enthüllt sich der wahre Charakter des Prinzips, nach dem sich die Menschen assoziieren und dissoziieren. Der Begriff des »Ernstfalls« ist hier entscheidend. So wie Martin Heidegger das Leben vom Ernstfall des Todes her als ein »Dasein zum Tode«, so bestimmt Schmitt vom Ernstfall des Krieges her den Staat als »Dasein zum Krieg«. Die Wahrheit der Existenz enthüllt sich nicht im Alltag, im Normalen, sondern im Ausnahmezustand, wie Schmitt, oder in der Grenzsituation, wie Jaspers sagt. Der Begriff des Ernstfalls gehört zu einer Logik der Eskalation, die das »Wesen« einer Sache von deren äußerster Steigerungsform oder Grenze her bestimmt. Dieser Denkstil ist uns heute fremd geworden, aber in Bezug auf Gewalt scheint diese Logik plausibel. Dem Ausbruch von physischer Gewalt geht ja normalerweise ein Prozess der Eskalation voraus, in dem eine vorhandene Unterscheidung in Polarisierung, und Polarisierung in offene Feindschaft übergeht. Rede den Menschen ein, so könnte man diese Logik vielleicht umschreiben, dass der Ernstfall unmittelbar bevorsteht oder bereits eingetreten ist, und sie sind zu allen Opfern bereit, vergessen alle sonst relevanten Bindungen und Differenzen und kennen nur noch Freund und Feind, und zwar einen Feind, gegen den mit allen Mitteln vorzugehen sie fest entschlossen sind.

Schmitt geht in zwei Schritten vor. In einem ersten Schritt geht es ihm darum, die *Autonomie* des Politischen als eines eigenständigen kulturellen Sachgebiets herauszuarbeiten. Solche Gebiete oder »Wertsphären«, wie Max Weber sagen würde, konstituieren sich über Unterscheidungen: die Moral über Gut und Böse, das Recht über Recht und Unrecht, die Wirtschaft über Kosten und Nutzen, die Wissenschaft über Wahrheit und Irrtum, die Kunst über Kunst und Nicht-Kunst, die Religion über Glauben und Unglauben und die Politik eben über Freund und Feind. Max Weber, Niklas Luhmann und andere Modernisierungstheoretiker haben in diesen Ausdifferenzierungsprozessen die Signatur der Moderne gesehen.[109] Die Systeme relativieren einander; das ist der neue Polytheismus, den Max Weber heraufkommen sah. Kunst, Religion, Wissenschaft, Recht und Wirtschaft stellen daher auch ebenso viele Orte des Unpolitischen dar, die Politik darf ihnen nicht hineinreden, ebenso wenig wie sich die Politik ihre Entscheidungen von künstlerischen, religiösen, wissenschaftlichen, rechtlichen oder wirtschaftlichen Gesichtspunkten abhängig machen lassen soll. Daher ist die Moderne für Schmitt »das Zeitalter der Neutralisierungen und Entpolitisierungen«.[110]

---

109 Es wäre sicher reizvoll, Schmitts Methode der Begriffsbestimmung über »Letztunterscheidungen« in Luhmanns differenz- und beobachtungstheoretische Sprache zu übersetzen, was hier aber nicht geschehen kann. Vgl. Ernst-Wolfgang Böckenförde, »Das Politische im Zeitalter der Systemtheorie. Eine neue Generation übernimmt die Carl-Schmitt-Debatte«, in: FAZ, 5.3.1996, 39.

110 BP 79–95.

Seinen ersten Schritt begründet Schmitt wie folgt:

> *Nehmen wir an, dass auf dem Gebiet des Moralischen die letzten Unterscheidungen Gut und Böse sind; im Ästhetischen Schön und Hässlich; im Ökonomischen Nützlich und Schädlich oder beispielsweise Rentabel und Nichtrentabel. Die Frage ist dann, ob es auch eine besondere, jenen anderen Unterscheidungen zwar nicht gleichartige und analoge, aber von ihnen doch unabhängige, selbständige und als solche ohne weiteres einleuchtende Unterscheidung als einfaches Kriterium des Politischen gibt und worin sie besteht.*
>
> *Die spezifisch politische Unterscheidung, auf welche sich die politischen Handlungen und Motive zurückführen lassen, ist die Unterscheidung von Freund und Feind. Sie gibt eine Begriffsbestimmung im Sinne eines Kriteriums, nicht als erschöpfende Definition oder Inhaltsangabe. Insofern sie nicht aus anderen Kriterien ableitbar ist, entspricht sie für das Politische den relativ selbständigen Kriterien anderer Gegensätze: Gut und Böse im Moralischen; Schön und Hässlich im Ästhetischen usw. Jedenfalls ist sie selbständig, nicht im Sinne eines eigenen neuen Sachgebiets, sondern in der Weise, dass sie weder auf einem jener anderen Gegensätze oder auf mehreren von ihnen begründet, noch auf sie zurückgeführt werden kann …*[111]

Dabei bleibt aber Schmitt nicht stehen. Er will die Moderne nicht nur beschreiben, sondern überwinden, und daher

111 BP 26f.

genügt es ihm nicht, das Politische als ein autonomes »geistiges Gebiet« zu identifizieren. Das Politische soll gerade kein eigenes neues Sachgebiet, sondern nur von solchen Sachgebieten unabhängig sein. Er will das Politische gerade nicht gleichberechtigt neben die anderen stellen, sondern ihnen überordnen. Mit seiner Unterscheidung von Freund und Feind plädiert Schmitt nicht für die Autonomie, sondern für die Hegemonie des Politischen. Genau diese Verbindung von Ausdifferenzierung und »Hegemonialisierung« (wie ich diesen Schritt der Unterwerfung aller anderen kulturellen Sphären unter die eine, von ihnen scharf abgesonderte nennen möchte), werden wir auch für die Religion feststellen können.

»Das Politische«, schreibt Schmitt,

> *kann seine Kraft aus den verschiedensten Bereichen menschlichen Lebens ziehen, aus religiösen, ökonomischen, moralischen und anderen Gegensätzen; es bezeichnet kein eigenes Sachgebiet, sondern nur den Intensitätsgrad einer Assoziation oder Dissoziation von Menschen, deren Motive religiöser, nationaler, wirtschaftlicher oder anderer Art sein können […]. Die reale Freund-Feind-Gruppierung ist seinsmäßig so stark und ausschlaggebend, dass der nichtpolitische Gegensatz […] seine bisherigen »rein« religiösen, »rein« kulturellen Kriterien und Motive zurückstellt. Politisch ist jedenfalls immer die Gruppierung, die sich an dem Ernstfall orientiert. Sie ist deshalb immer die maßgebende menschliche Gruppierung.*[112]

112 BP 38f.

Die »reale Möglichkeit der Gruppierung von Freund und Feind«, setzt Schmitt einige Seiten später hinzu, »genügt, um über das bloß Gesellschaftlich-Assoziative hinaus eine maßgebende Einheit zu schaffen, die etwas spezifisch anderes und gegenüber den übrigen Assoziationen etwas Entscheidendes ist. [...] In Wahrheit gibt es keine politische ›Gesellschaft‹ oder ›Assoziation‹, es gibt nur eine politische Einheit, eine politische ›Gemeinschaft‹«.[113] Daher ist das Politische das Totale, demgegenüber alle anderen Gruppierungen, Lebensbereiche und Wertsphären, auf welchen Unterscheidungen sie auch immer basieren, verblassen. In seiner Schrift von 1932 plädiert Carl Schmitt für den »totalen Staat«, der dieser Hegemonie des Politischen Rechnung trägt.

Diesen totalisierenden Anspruch gewinnt das Politische aus dem Ernstfall. Unter den Bedingungen des Ernstfalls steigert sich die Gesellschaft zur Gemeinschaft. Der Ernstfall ist, wie Schmitt immer wieder klarstellt, der Krieg. Für Schmitt ist der Krieg die Stunde der Wahrheit. Der Krieg offenbart die wahre Natur der politischen Gemeinschaft, die daher vom Ernstfall des Krieges her bestimmt werden muss. Mit diesem Argument kämpft Schmitt gegen die liberalistische Moderne mit ihrer funktionalen Ausdifferenzierung in autonome Gebiete wie Kunst, Wissenschaft, Recht und Wirtschaft, Politik und Religion. Er will den *ganzen* Menschen, das *einige* Volk, den *totalen* Staat. Daher bestimmt er das Politische als das Polarisierende und das Polarisierende als das Totalisierende, das alle anderen Differenzierungen aufhebt.

113 BP 45.

Das Verfahren einer Daseinsanalyse im Licht nicht der Normalität, sondern des Extremfalls, des Ausnahmezustands, gehört, wie schon erwähnt, zum radikalen Denkstil des Existenzialismus, der in der Zwischenkriegszeit aufkam und bei seinem prominentesten Vordenker, Martin Heidegger, ebenso wie bei Carl Schmitt zu einem entschiedenen Votum für den NS-Staat führte.

Soweit Carl Schmitt über das Politische und seine polarisierende Kraft. Wir wissen, welche entsetzlichen Gewaltausbrüche sich mit dieser Engführung von Gewalt und Politik im Ideal des Totalen verbunden haben. Wir wollen nun fragen, was wir daraus für unsere Frage nach der Religion und ihre Sprache der Gewalt lernen können, die aus der *ihr* eigenen polarisierenden Kraft erwächst. Klar ist, dass auch die Religionen die Menschen verbinden und trennen. Klar ist auch, dass diese Verbindung und Trennung steigerbar ist und verschiedene Grade der Intensität annehmen kann. Also müsste es auch hier so etwas wie einen Ernstfall geben, in dessen Licht sich das Kriterium der Assoziation und Dissoziation bis zu Freundschaft und Feindschaft steigern und zum Ausbruch von Gewalt führen kann.

IM ZEICHEN DES ERNSTFALLS: DER ZORN GOTTES UND DIE PURITANISCHE VERSCHÄRFUNG

Was könnte auf religiösem Gebiet als Ernstfall gelten, in dessen Zeichen es gilt, zwischen Freund und Feind zu unterscheiden und dem Feind mit aller Entschlossenheit entgegenzutreten? Hier denkt man zunächst an den Gotteszorn.[114] Der Gotteszorn, der sich entweder bereits in einer furchtbaren Katastrophe manifestiert hat oder nach vorgefallenem Gottesfrevel als unmittelbar bevorstehend zu befürchten ist, lässt sich ähnlich wie der Krieg in Carl Schmitts politischer Theorie als ein Ernstfall verstehen, der etwas im Alltag Vergessenes und Verborgenes offenbart.

Auch hierfür kann als eine Art Urszene die Geschichte vom Goldenen Kalb gelten. Mose hat JHWHs Zorn gesehen und seinen Entschluss gehört, das ganze Volk zu vernichten, er weiß, dass der Ernstfall eingetreten ist. Mit seinem Ruf »Her zu mir, wer für den Herrn ist« schart er die Getreuen um sich und richtet unter den Treulosen ein Blutbad an. Nur so konnte die Katastrophe abgewendet werden. Unter König Joschija wurde im Jahre 622 ein Buch gefunden, das in Vergessenheit geraten war. Es enthielt das Gesetz des Mose. Alle Vorschriften waren übertreten worden, der Ernstfall war eingetreten, denn der

114 Ralf Miggelbrink, Der zornige Gott. Die Bedeutung einer anstößigen biblischen Tradition, Darmstadt 2002; Jörg Jeremias, Der Zorn Gottes im Alten Testament, Neukirchen-Vluyn ²2011; Claus Westermann, »Boten des Zorns. Der Begriff des Zornes Gottes in der Prophetie«, in: Die Boten und die Botschaft. Fs. H.W. Wolff (hg. von J. Jeremias und L. Perlitt), Neukirchen 1981, 147–156.

Zorn des Herrn war unvermeidlich und die Katastrophe konnte nicht ausbleiben. Auf diese und andere Beispiele historischer Situationen, die von den Akteuren als Ernstfall gedeutet werden und zu religiösen Interventionen von beträchtlicher Gewalt führen, will ich in diesem Kapitel eingehen.

Für alle diese Beispiele gelten zwei Eigentümlichkeiten, die sie ganz eindeutig in den Rahmen des Politischen stellen: Erstens stehen sie alle im Zusammenhang der Bundesidee, des Bündnisses, das Gott und Volk eingegangen sind, in dessen Rahmen der Gottesfrevel den politischen Charakter eines Vertragsbruchs annimmt, und zweitens implizieren sie alle den Einsatz menschlicher Gewalt, die sich für Gott einsetzt, indem sie die Bündnisbrecher als Gottesfeinde identifiziert und eliminiert. Es handelt sich klar um religiöse, das heißt religiös motivierte Akte, aber sie geschehen im Rahmen einer »totalen« Religion, die alle Lebensbereiche zu kontrollieren beansprucht und sich auch das Politische untergeordnet hat. Das unterscheidet diese Gewalt zum Beispiel von den ägyptischen Plagen, mit denen Gott die Freilassung der Kinder Israels aus ägyptischer Knechtschaft erzwingt: Das ist rein göttliche Gewalt, die Menschen greifen hier nicht ein, und vom Zorn Gottes ist hier auch nicht die Rede, ebenso wenig wie bei den anderen Strafaktionen Gottes vor Eintritt in das politische Bündnis mit Israel: bei der Vertreibung aus dem Paradies, der Verbannung Kains, der Sintflut, der Verwirrung der Sprachen … nie ist hier Zorn im Spiel und nie werden hier die Menschen selbst tätig, indem sie mit Gewalt gegen Gottesfeinde vorgehen. Das ist aber genau die Gewalt, die uns hier interessiert und nach deren Quelle wir fragen. Sie tritt erst nach dem Bundesschluss am Sinai auf. Hier stoßen wir auf die explizite Unterscheidung zwischen Freund und Feind:

> *Denn ich, der Herr, dein Gott, bin ein eifersüchtiger Gott: Bei denen, die mir feind sind, verfolge ich die Schuld der Väter an den Söhnen und an der dritten und vierten Generation; bei denen, die mich lieben und auf meine Gebote achten, erweise ich Tausenden meine Huld. (Dtn 5,6–10)*

Die Ideen von Gottesbündnis und Treue, in der die Vorstellungen von göttlicher Eifersucht und menschlichem Gotteseifer verwurzelt sind, entstammen, wie oben gezeigt (S. 41–45), der politischen Sphäre. Aus dieser Quelle entspringt daher auch die damit verbundene Form religiöser Gewalt – der Zelotismus. Die exklusive, unter den Bedingungen des Ernstfalls zum Töten und Sterben bereite Treue zu Gott hat ihren Ursprung im assyrischen Loyalismus, der absolute Treue zum assyrischen Großkönig fordert, von ganzem Herzen, ganzer Seele, ganzem Vermögen, und Apostasie, den Abfall vom Glauben, unter schwerste Strafen stellt. Aus dieser Quelle stammt die Bundesidee, die von der politischen auf die religiöse Ebene, das heißt von der Gott-Herrscher-, Herrscher-Untertan- und Herrscher-Vasall-Beziehung auf die Gott-Mensch- beziehungsweise die Gott-Volk-Beziehung übertragen wurde. Natürlich ist dieses Modell nicht einfach übernommen, sondern ganz entscheidend verändert, ja geradezu auf den

Kopf gestellt worden. Aus dem Eroberer, der das eroberte Volk in die Vasallität zwingt und ihm einen Vertrag oktroyiert, ist ein Befreier geworden, der dem befreiten Volk einen Vertrag anbietet und ihm Annahme oder Ablehnung freistellt; die Freiwilligkeit des Bundes wird deutlich betont. So ist aus Loyalität Treue und aus Politik Religion geworden, indem aus dem Vasallenbündnis mit Assyrien der in Freiheit geschlossene Bund mit JHWH gemacht wurde.

Die jahrhundertelange assyrische Bedrohung und der endliche Untergang Israels durch das neubabylonische Reich zu Anfang des 6. Jahrhunderts vor Christus stellt einen Ernstfall von beispiellosen Ausmaßen dar. In dieser Situation lässt sich für die Religion dieselbe Dialektik von Ausdifferenzierung und Hegemonialisierung beobachten, die Carl Schmitt für das Politische geltend gemacht hat. Die radikal-puritanische Opposition Hoseas und der Deuteronomisten, die in dem über Israel hereinbrechenden Unheil den Zorn Gottes erkennt, stellt der herrschenden Praxis, in der Religion und politische Herrschaft untrennbar zusammenhängen, einen Begriff von Religion in »Reinkultur« entgegen, den sie einerseits scharf abgrenzt gegen die anderen kulturellen Felder und für den sie im gleichen Zug eine führende Rolle beansprucht. So wie Carl Schmitt im Blick auf den theoretischen Ernstfall des Krieges den totalen Staat, fordert der deuteronomistische Puritanismus die totale Religion. Eine totale Religion ist eine Religion, die einen hegemonialen Anspruch auf die Kultur und den Menschen erhebt, so wie Carl Schmitt das für den totalen Staat definiert und gefordert hat, und die diesen Anspruch mit dem Verweis auf den Ernstfall begründet. Durch das Konzept des Ernstfalls etabliert sich die totale Religion als ein zugleich aus dem Ganzen der Kultur ausdifferenziertes und die Kultur in allen ihren sonstigen Gebieten dominierendes Prinzip.

Damit scheint mir das, was im Bereich des Religiösen als der Ernstfall zu gelten hat, ziemlich eindeutig bestimmt. Es geht auch hier, genau wie in Carl Schmitts Konstruktion des Politischen, um Identität und Zugehörigkeit, um Assoziation und Dissoziation, nur dass hier Gott als Partner und damit eine ganz andere Dimension einbezogen ist. Es geht um die Assoziation mit oder die Dissoziation von Gott, wofür die theologischen Begriffe der Treue (hebräisch/jüdisch *'æmunah*) und des Glaubens (griechisch/christlich *pistis*) stehen. Das ist als die allgemeine oder normale Struktur der Religion dieses Typs zu beschreiben, die dann unter den Bedingungen des Ernstfalls, das heißt im Rahmen einer spezifischen Semantik, den höchsten Intensitätsgrad der totalen Religion annimmt. Im Alten Testament ist es die Semantik des Gottesbundes, die einen engen Zusammenhang herstellt zwischen dem Tun der Menschen und den Folgen, die sich in der Beurteilung Gottes daraus ergeben. Mit dem feierlich beschworenen Eintritt in den Bund ist das Band zwischen Tat und Folge geknüpft, an dem von nun an die Geschichte abläuft. In diesem Rahmen hat man die religiöse Konstruktion des Ernstfalls zu verstehen. Der Ernstfall ist der durch menschliche Vergehen verschuldete Gotteszorn über den Bundesbruch. Ich möchte daher die deuteronomistische Konzeption des Gottesbunds als utopischen Entwurf einer totalen Religion verstehen, die alle sonstigen Differenzierungen und Bindungen relativiert. Man kann hier durchaus von einer »totalen« Religion sprechen, denn alle anderen Lebensbereiche und kulturellen Sphären werden ihr untergeordnet. Sie alle werden vom Gesetz, das die Grundlage des Bündnisvertrags mit Gott bildet, reguliert, die Kunst durch das Bilderverbot, Recht und Wirtschaft durch entsprechende Gesetze, der Kult durch die Ritualgesetze und vor allem das Politische, das Königtum, das nun völlig eindeutig und klar dem Gesetz untergeordnet wird: Wenn der König seinen Thron bestiegen hat, so heißt es im 17. Kapitel des Deuteronomiums,

> *soll er sich von dieser Torah, die die levitischen Priester aufbewahren, auf einer Schriftrolle eine Zweitschrift anfertigen lassen. Sein Leben lang soll er die Torah mit sich führen und in der Rolle lesen, damit er lernt, den Herrn, seinen Gott, zu fürchten, auf alle Worte dieser Torah und dieser Gesetze zu achten, sie zu halten, sein Herz nicht über seine Brüder zu erheben und von dem Gebot weder rechts noch links abzuweichen, damit er lange als König in Israels Mitte lebt, er und seine Nachkommen. (Dtn 17,14–20)*

Das Königtum erscheint hier als ein mehr oder weniger notwendiges Übel, dessen Gefahren durch die Schrift möglichst wirkungsvoll eingeschränkt werden müssen. Die Unterordnung der Politik unter die Religion, das heißt unter die Torah, mag für die Gesamtheit der kulturellen Sphären, Kult, Kunst, Recht, Moral, Wirtschaft, Wissenschaft (im Sinne dieser Zeit) stehen, die sich alle dem Diktat des geoffenbarten Gesetzes zu fügen haben.

Bei der deuteronomistischen Vision des Gottesstaats handelt es sich um eine Utopie, die weder im babylonischen Exil noch unter den substaatlichen Bedingungen im Persischen Großreich zu realisieren war. Und doch war hier eine Idee von großer und in ihren Langzeitwirkungen weltverändernder Strahlkraft formuliert worden, und dies zu großen Teilen in der Sprache der Gewalt.

GEWALT ALS SCHRIFTERFÜLLUNG UND GOTTESDIENST

Die Gefahr einer Sprache der Gewalt liegt darin, dass Worte oft in Taten umschlagen, vor allem, wenn diese Worte mit dem Anspruch höchster göttlicher Autorität und Normativität ausgestattet werden. Ihre Umsetzung in gewaltsame Aktion kann sich dann als Erfüllung heiligster Verpflichtung verstehen und legitimieren. Dazu kommt es vor allem in jenen historischen Situationen, die Schmitts Bedingungen des »Ernstfalls« entsprechen. Das erste Beispiel einer solchen Umsetzung literarischer Gewaltdarstellung in geschichtliches Handeln könnte die Scheidung der »Mischehen« darstellen, wie sie in Esra 9f. und Nehemia 9f. beschrieben wird.[115] In dieser ergreifenden Szene treten

115 Siehe dazu Catherine E. Southwood, Ethnicity and the Mixed Marriage Crisis in Ezra 9–10. An Anthropological Approach, Oxford 2012.

die Exodus-Motive von Befreiung, Bindung und Treue mit besonderer Deutlichkeit hervor. Esra beginnt seine Schilderung dieser gewaltsamen Maßnahme mit einem Schriftzitat:

> *Und nun, unser Gott, was sollen wir nach [all]dem sagen? Denn wir haben deine Gebote verlassen, die du durch deine Knechte, die Propheten, geboten hast, indem du sprachst: »Das Land, in das ihr kommt, um es in Besitz zu nehmen, ist ein beflecktes Land wegen der Befleckung der Völker der Länder, wegen ihrer Greuel, mit denen sie es vom einen Ende bis zum andern durch ihre Unreinheit erfüllt haben.*
>
> *So sollt ihr nun nicht eure Töchter ihren Söhnen geben und ihre Töchter nicht [als Frauen] für eure Söhne nehmen, und ihren Frieden und ihr Wohl sollt ihr bis in Ewigkeit nicht suchen, damit ihr stark werdet und das Gute des Landes eßt und es auf eure Söhne vererbt bis in Ewigkeit.« (Esra 9,10–12)*

Das bezieht sich auf die Warnung, sich auf keinen Fall mit den Kanaanäern zu verschwägern, die jetzt kanonische Normativität gewonnen hat: »Deine Tochter gib nicht seinem Sohn, und nimm seine Tochter nicht für deinen Sohn! Wenn er deinen Sohn verleitet, mir nicht mehr nachzufolgen, und sie dann anderen Göttern dienen, wird der Zorn des Herrn gegen euch entbrennen und wird dich unverzüglich vernichten.« (Dtn 7,3–4)

Nehemia beschreibt, wie die aus dem Exil zurückkehrenden Juden einen neuen Bund schließen. Zunächst liest Esra am Wassertor in Jerusalem der versammelten Volksmenge aus der Torah vor, dann feiert »die Gemeinde derer, die aus dem Exil zurückkamen« sieben Tage lang das Laubhüttenfest und liest alle Tage weiter aus der Torah. Zuletzt aber ist von einem feierlichen Bund der Abgesonderten die Rede:

Am vierundzwanzigsten Tage dieses Monats kamen die Israeliten zu einem Fasten zusammen, in Säcke gehüllt und mit Erde auf ihren Häuptern. Und es sonderten sich die Nachkommen Israels von allem fremden Volk ab und traten hin und bekannten ihre Sünden und die Missetaten ihrer Väter. Und sie standen an ihrem Platz auf und man las vor aus dem Buch des Gesetzes des HERRN, ihres Gottes, drei Stunden lang, und drei Stunden bekannten sie und beteten zum HERRN, ihrem Gott. (Neh 9,1–3)

Dann folgt in einem Gebet zunächst eine lange und detaillierte Rekapitulation der Heilstaten Gottes, das heißt des Exodus, und ein Bekenntnis der Sünden des Volkes, das die Verheißung verspielt hatte und aus dem Land vertrieben wurde. Zuletzt heißt es:

Und darum wollen wir eine feste Abmachung treffen, sie aufschreiben, und unsere Fürsten, Leviten und Priester sollen sie versiegeln und unterschreiben. […]

Und das übrige Volk, Priester, Leviten, Torhüter, Sänger, Tempelsklaven und alle, die sich von den Völkern der Länder abgesondert haben und sich zum Gesetz Gottes halten, samt ihren Frauen, Söhnen und Töchtern, alle, die es verstehen können: sie sollen sich ihren Brüdern, den

> *Mächtigen unter ihnen, anschließen und der Abmachung beitreten und sich mit einem Eid verpflichten, zu wandeln im Gesetz Gottes, das durch Mose, den Knecht Gottes, gegeben ist, und alle Gebote, Rechte und Satzungen des HERRN, unseres Herrschers, zu halten und zu tun. Wir wollen unsere Töchter nicht den Völkern des Landes geben und ihre Töchter nicht für unsere Söhne nehmen; [...] So wollen wir es im Haus unseres Gottes an nichts fehlen lassen. (Neh 10,1; 29–31; 40)*

Hier wird in einer feierlichen Zeremonie der Bund der Treue erneut beschworen und eine im eigentlichen Sinne »mosaische Unterscheidung« vollzogen durch die Scheidung der »Mischehen« zwischen jüdischen Männern und kanaanäischen Frauen und durch die Verstoßung der aus dieser Verbindung hervorgegangenen Kinder, und zwar im Sinne der Absonderung und Reinigung beziehungsweise Heiligung, wie sie in der Torah vorgeschrieben wird: ein Akt von beträchtlicher Gewaltsamkeit, der durch den expliziten Verweis auf die Schrift, das Deuteronomium, legitimiert wird; und dessen Historizität nicht unwahrscheinlich ist. In dieser Maßnahme tritt ein Zug von radikalem Puritanismus hervor, der die deuteronomistische Tradition insgesamt kennzeichnet. So wie Josia bei seiner Kultreform um die Reinheit des Kultes, geht es Esra und Nehemia bei der Scheidung der Mischehen um die Reinheit des Blutes. Der radikale Puritanismus – von Josia bis zum saudischen Wahhabismus – ist besonders anfällig für die tätliche Umsetzung sprachlicher Gewalt, wie sie in den kanonischen Texten kodifiziert ist.

Schon Josia stützt sich – zumindest der in 2Kön 22–23 berichteten Geschichte nach, die stark legendäre Züge trägt – bei der brutalen Durchsetzung seiner Reform auf die Schrift: die »Torah des Mose«, die bei Restaurierungsarbeiten im Tempel gefunden wurde und allgemein mit der Urfassung des Deuteronomiums identifiziert wird. Auch Esra und Nehemia legen ihrer Reform das Deuteronomium zugrunde, dessen kanonischer Rang zu ihrer Zeit, um die Mitte des 5.Jahrhunderts, außer Zweifel steht. Das neue in dieser Phase des Zweiten Tempels ist die Schrift, die nun in den Rang einer Kodifizierung des göttlichen Willens von höchster, absoluter Autorität aufgerückt ist. Das ist etwas absolut Neues. Keine andere Religion der damaligen Zeit kennt einen Kanon heiliger Schriften, die unbedingte Befolgung, das heißt Umsetzung in Lebenswirklichkeit verlangen. Diese Schrift ist unter Verwendung älterer Dokumente im Exil entstanden. Sie hat die exilierten Juden zum Volk des Buches gemacht und als solches am Leben erhalten. So hat es auch ohne Staat, Territorium, Tempel und alle anderen Außenhalte seine Identität bewahren und nach zwei, drei Generationen nach Jerusalem zurückkehren können. Dort wurden die Heimkehrer dann mit den dagebliebenen Landsleuten konfrontiert, die in Unkenntnis dieser Schrift sich den Landessitten assimiliert und mit den Landestöchtern vermählt hatten. Nun erst kam die mosaische Unterscheidung zum Tragen, nicht im Zeichen der Wahrheit, sondern der Treue, Reinheit und Heiligkeit.

Die religiöse Gewalt, das heißt Gewalt im Namen Gottes, die hier im Sinne einer heiligen Verpflichtung und unter großem Weinen und Wehklagen vollzogen wird, ist schriftgestützte Gewalt. Sie wird legitimiert durch Berufung auf einen heiligen, kanonischen Text, der sie hochverbindlich vorschreibt. Eine solche Schrift hat es (wenn man die Josia-Legende nicht in allen Zügen für historisch hält) vor dem Exil nicht gegeben. Wohl gab es religiöse, historische und literarische Texte, aber sie waren kaum mit dieser absoluten Autorität ausgestattet. Dafür gab es die Propheten, die Israel sagten »was gut ist und was der Herr von dir fordert.« (Micha 6,8) Die Propheten, die das Volk immer wieder zu unbedingter Treue auffordern, wirken – und das ist ganz entscheidend – in Zeiten höchster Bedrängnis und eingetretener Katastrophe. In dieser traumatischen und posttraumatischen Situation erinnern sie an den Auszug aus Ägypten und begründen ihre Forderung nach Treue mit Gottes Rettung, Erwählung und Verheißung. »Habe ich dich nicht aus Ägyptenland und von der Knechtschaft erlöst und vor dir hergesandt Mose, Aaron und Mirjam?« (Micha 6,4) Gott ist der Einzige, der einst gerettet hat und der jetzt retten kann.

In der Perserzeit und im Frühhellenismus bilden sich auf der Grundlage des entstehenden Schriftenkanons Haltungen heraus, die man in heutiger Terminologie als »fundamentalistisch« – im Sinne einer literalistischen Umsetzung als zeitlos verstandener Vorschriften alter Texte – bezeichnen könnte. Mit der im Kanon festgeschriebenen Semantik der Treue und Eifersucht kommt die polarisierende Kraft der monotheistischen Religion in ihren politischen und sozialen Folgen zum Tragen. Im Prinzip Kanon gehen zwei Elemente, Schrift und Offenbarung, eine vollkommen neuartige Verbindung ein.

Totale Religion – um diesen Punkt noch einmal zu betonen – bezeichnet nicht eine bestimmte Religion, sondern einen Aggregatzustand oder Intensitätsgrad von Religion, den verschiedene Religionen annehmen können. Im Judentum haben ihn in den Jahrhunderten von Jehuda Makkabi bis Bar Kokhba immer wieder einzelne zelotische Gruppen und Bewegungen proklamiert, das Christentum hat vor allem im Mittelalter verschiedene Phasen kirchlicher, das heißt päpstlicher Dominanz, aber dann unter Oliver Cromwell auch protestantische Phasen religiöser Gleichschaltung durchgemacht, und der Islamismus konfrontiert uns heute mit Erscheinungsformen der totalen Religion.[116]

PURITANISMUS UND ZELOTISMUS: DIE MAKKABÄER

In der Liturgie der Seder-Nacht zu Beginn des Pessach-Festes, in der sich das Judentum durch Vergegenwärtigung des Auszugs aus Ägypten seiner Identität vergewissert, geht es zentral um die Unterscheidung. Im »Unterscheidungssegen« (Havdala) wird Gott gedankt:

116 Siehe Reinhard Schulze, »Islamischer Puritanismus und die religiöse Gewalt«, in: Christine Abbt, Donata Schoeller (Hg.), Im Zeichen der Religion. Gewalt und Friedfertigkeit in Christentum und Islam, Frankfurt/New York 2008, 34–56.

Gepriesen seist du, Ewiger, unser Gott …
Du trennst das Heilige vom Profanen,
Das Licht von der Finsternis,
Israel von den Völkern,
Den siebten Tag von den übrigen sechs Werktagen,
Die Heiligkeit des Schabbat von der Heiligkeit eines Festtags,
Gepriesen seist du, Ewiger,
Du trennst das Heilige vom Heiligen.

»Gott ist die Unterscheidung«, heißt es in Thomas Manns Josephsromanen (*Die Geschichten Jaakobs*). Die Makkabäerkriege sind wegen dieser Frage ausgebrochen. Sie richteten sich gegen eine Strömung, die die Meinung vertrat »Laßt uns ein Bündnis mit den Heiden ringsum schließen; denn wir haben viel leiden müssen seit der Zeit, da wir uns von den Heiden abgesondert haben.« (1 Makk 1,12)

Die historische Situation im Judäa des zweiten Viertels des 2. Jahrhunderts vor Christus entsprach in vieler Hinsicht den Jahrzehnten der assyrischen und babylonischen Unterdrückung. Wir haben mit Bezug auf das Deuteronomium von Widerstand und symbolischer Gegengewalt gesprochen. Genau dies bestimmt auch die Situation der Juden im Seleukidenreich. Dabei gilt es natürlich zwischen den Makkabäerkriegen als historischem Ereignis und als Gegenstand literarischer Gestaltung zu unterscheiden.[117]

---

117 Zu den Makkabäerkriegen vgl. Martin Hengel, Judentum und Hellenismus. Studien zu ihrer Begegnung unter besonderer Berücksichtigung Palästinas bis zur Mitte des 2. Jahrhunderts v. Chr., Tübingen [3]1988; Erich S. Gruen, Heritage and Hellenism. The Reinvention of Jewish Tradition,

Die vier Makkabäerbücher sind lange nach den Ereignissen entstanden. Das erste wird frühestens gegen Ende des 2. Jahrhunderts angesetzt, also zwei Generationen später, die übrigen gehören ins erste vorchristliche bis nachchristliche Jahrhundert. Es handelt sich um alles andere als objektive Historiografie. Das erste der beiden Bücher, die nicht aufeinander aufbauen, sondern dieselben Geschehnisse aus verschiedenem Blickwinkel erzählen, ist aus dem Hebräischen ins Griechische übersetzt und versteht sich als Fortsetzung der traditionellen jüdischen Geschichtsschreibung nach dem Vorbild der Samuel- und Königsbücher, die in den Ereignissen das Walten Gottes darstellen will; das zweite, im Original griechisch, ist die Zusammenfassung eines fünfbändigen Werks des jüdischen Historikers Jason von Kyrene und Beispiel einer typisch hellenistischen »pathetischen« Geschichtsschreibung[118], 3 Makk ist ein historischer Roman wie Esther und Daniel mit starker

---

Berkeley 1998; Gabriela Signori (Hg.), Dying for the Faith, Killing for the Faith. Old-Testament Faith-Warriors (1 and 2 Maccabees) in Historical Perspective, Leiden/Boston 2012; Jan-Heiner Tück (Hg.), Sterben für Gott – Töten für Gott? Religion, Martyrium und Gewalt, Freiburg 2015 und darin besonders den Beitrag von Ludger Schwienhorst-Schönberger, »Martyrium der Gewaltlosigkeit. Gibt es ein Makkabäer-Syndrom«, 148–189, der sich mit meinem Beitrag im selben Band auseinandersetzt: »Martyrium, Gewalt, Unsterblichkeit. Die Ursprünge eines religiösen Syndroms«, 122–147.

118 Vgl. Hengel, Judentum und Hellenismus, 176ff. Ludger Schwienhorst-Schönberger charakterisiert die Tendenz von 1 Makk als patriotisch-politisch und pro-hasmonäisch. Hier geht es um die Wiedererrichtung eines souveränen jüdischen Staats in Anknüpfung an das davidische Königtum. 2 Makk dagegen ist staatskritisch und versteht das jüdische Gemeinwesen als substaatliche Tempelgemeinde. Als Trägerkreis stehen dahinter die Hasidäer (160f.). Siehe auch Michael Tilly, Erstes Makkabäerbuch (HThKAT), Freiburg 2015.

homiletischer Tendenz (und ohne Erwähnung der Makkabäer!) und 4 Makk eine fromme Diatribe über das Martyrium im Hinblick auf die Vernunft und ihre Herrschaft über die Triebe. Dazu kommen noch die Berichte über die Makkabäische Erhebung in den beiden gegen Ende des 1. Jahrhunderts nach Christus entstandenen Geschichtswerken des jüdischen Historikers Josephus Flavius.

Hier gilt es nun, einen wichtigen Unterschied zu beachten. Der Makkabäeraufstand ist ein Zweifrontenkrieg, er richtet sich nach außen und nach innen. Er hat den Charakter einer jüdischen Widerstandsbewegung gegen die seleukidische Verfolgung und eines innerjüdischen Bürgerkriegs zwischen zwei Parteien, der modernisierungswilligen Reformpartei und der orthodoxen Partei der Gesetzestreuen.[119] Vor allem dieser zweite Aspekt des Konflikts hat den Charakter des frommen Zelotismus. Er soll uns hier vor allem interessieren.

Offenbar gab es in Jerusalem eine urbane, reformwillige Oberschicht, die die jüdische Religion gegenüber der internationalen, hellenistisch geprägten Kultur öffnen wollte. In 1 Makk 1,11–15 werden ihre Vertreter als »gesetzlose Söhne Israels« *(ex Israel hyioi paránomoi)* bezeichnet. Ihr standen, nach Peter Schäfer, die »›konservativen‹ Torah-treuen Schichten« gegenüber, »die sich überwiegend aus der ärmeren Stadt- und insbesondere Landbevölkerung

119 Siehe dazu neben Hengel, Judentum und Hellenismus noch Erich Gruen, Heritage and Hellenism. The Reinvention of Jewish Tradition, Berkeley 1998 sowie Jonathan Kirsch, God against the Gods, New York 2004, 78– 82. Die von mir hier nur kurz skizzierten Vorgänge schildert Ludger Schwienhorst-Schönberger, a. a. O. 151–161 sehr viel detaillierter; vgl. auch Michael Tilly, Erstes Makkabäerbuch.

zusammensetzten«[120], eine Situation, die sich in soziologischer Hinsicht mit vielen heutigen islamischen Ländern, zum Beispiel dem Iran, vergleichen lässt.[121] Die moderne internationale Kultur, »ho koinos bios« (Josephus Flavius), wurde nicht als speziell griechisch, sondern als allgemein heidnisch wahrgenommen und teils angestrebt, teils bekämpft. Nicht Assimilation an griechische Sitte, sondern Abfall vom Gesetz bildete den eigentlichen Streitpunkt. Also nicht speziell das Griechentum, sondern der Ausstieg aus dem Gesetz zugunsten der modernen internationalen Kultur war der eigentliche Streitpunkt des Konflikts.

Dieser Konflikt reicht einige Zeit vor den Ausbruch der Gewalttätigkeiten zurück und verschärft sich dadurch, dass sich die Reformpartei mit der seleukidischen Regierung gegen die konservative Partei verbündet. So heißt es in 1 Makk 1,11–15:

> *Zu dieser Zeit [das heißt unter Antiochus III.] traten Verräter am Gesetz in Israel auf, die viele [zum Abfall] überredeten. Sie sagten: Wir wollen einen Bund mit den fremden Völkern schließen, die rings um uns herum leben; denn seit wir uns von ihnen abgesondert haben, geht*

120 Peter Schäfer, Geschichte der Juden in der Antike. Die Juden Palästinas von Alexander dem Großen bis zur arabischen Eroberung, Neukirchen-Vluyn 1983, 53. Vgl. auch Heinz Kreissig, »Die Ursachen des ›Makkabäer‹-Aufstandes«, in: Klio 58 (1976) 249–253.

121 Die herkömmliche Deutung des Konflikts als Konfrontation zwischen Hellenisierern und Judaisierern findet aber, wie Erich Gruen gezeigt hat, in den Texten keinen Rückhalt. Nie werden hier Hellenismos und Judaismos als alternative Optionen gegenübergestellt. Die Gegner der Gesetzestreuen waren Gruen zufolge keine Hellenisierer, sondern Antinomisten, Gegner des Gesetzes. (Siehe Anm. 117).

es uns schlecht. Dieser Vorschlag gefiel ihnen, und einige aus dem Volk fanden sich bereit, zum König zu gehen. Der König gab ihnen die Erlaubnis, nach den Gesetzen der fremden Völker zu leben. Sie errichteten in Jerusalem ein Gymnasion, wie es bei den fremden Völkern Brauch ist, und ließen bei sich die Beschneidung rückgängig machen. So fielen sie vom heiligen Bund ab, vermischten sich mit den fremden Völkern und gaben sich dazu her, Böses zu tun.

Die Initiative zur Hellenisierung Jerusalems ging also dieser (zweifellos nicht ganz untendenziösen) Darstellung zufolge von der jüdischen Reformpartei aus, nicht von der seleukidischen Obrigkeit. Im Gegenteil, der von der Reformpartei durchgesetzte Hohepriester Jason musste bei Antiochus III. um Erlaubnis ansuchen, das Gymnasion bauen und die hellenische Lebensweise annehmen zu dürfen, bedeutete dieser Schritt doch eine Abkehr von den königlich sanktionierten, als offizielles Recht in Kraft gesetzten jüdischen Gesetzen. Kulturelle, das heißt rechtliche und religiöse Gleichschaltung war niemals ein Element imperialistischer Politik. Im Gegenteil legten schon die Perser und dann die Römer Wert darauf, die unterworfenen Völkerschaften nach deren eigenen angestammten Gesetzen zu regieren, wofür deren Brauchtum dann allerdings oft erst einmal kodifiziert und in den Status von Gesetzen erhoben werden musste.[122] Worum es ging, war Ruhe

122 Dieses Verfahren formuliert Hans G. Kippenberg als ein allgemeines Prinzip imperialistischer Politik: »Wenn Kolonisatoren aus den von ihnen eroberten Territorien ein Imperium machen wollen, dann müssen

und Ordnung in den abhängigen Gebieten zu garantieren. Dies glaubte man immer am besten durch Inkraftsetzung heimischer – und nicht durch Oktroi fremder – Gesetze erreichen zu können. Die Seleukiden machten in der Anwendung dieses Prinzips keine Ausnahme.

Zu Gewaltmaßnahmen kommt es dann unter dem Nachfolger des Antiochus III., dem berüchtigten Antiochus IV. Epiphanes. Im Zusammenhang mit dem Sechsten syrischen Krieg zwischen Antiochus IV. und Ptolemaios VI. wird 170 vor Christus Jerusalem eingenommen und geplündert. Noch schlimmer ergeht es der Stadt, als Antiochus nach seinem zweiten ägyptischen Feldzug von den Römern zurückgepfiffen und nach Hause geschickt wird. Jetzt errichtet er in der Davidsstadt die »Akra«, eine Zwingburg mit nichtjüdischer Garnison, und verwandelt Jerusalem in eine Militärkolonie mit gemischter Bevölkerung. Wenig später soll dann das in seiner Authentizität bis heute umstrittene »Religionsedikt« des Antiochus ergangen sein, das den Konflikt auf die Spitze treibt, indem es die Ausübung der jüdischen Religion bei Strafe des Todes verbietet:

---

sie sich zu Beschützern oder geradezu zu Erfindern der Traditionen der unterworfenen Ethnien machen.« (Ders., »Die jüdischen Überlieferungen als patrioi nomoi«, in: Richard Faber, Renate Schlesier (Hg.), Die Restauration der Götter. Antike Religion und Neo-Paganismus, Würzburg 1986, 45–60, 51, mit Verweis auf Jan-Heeren Grevemeyer (Hg.), Traditionale Gesellschaften und europäischer Kolonialismus, Frankfurt 1981, 16–46 und Gerard Leclerc, Anthropologie und Kolonialismus, München 1973. Vgl. auch Peter Frei, Klaus Koch, Reichsidee und Reichsorganisation im Perserreich (OBO 55), Fribourg 1984; Reinhard G. Kratz, Translatio imperii. Untersuchungen zu den aramäischen Daniel-Erzählungen und ihrem theologiegeschichtlichen Umfeld (WMANT 63), Neukirchen-Vluyn 1991, 161ff., 225ff.

Damals schrieb der König seinem ganzen Reich vor, alle sollen zu einem einzigen Volk werden, und jeder solle seine Eigenart aufgeben. Alle Völker fügten sich dem Erlass des Königs. Auch vielen Männern aus Israel gefiel der Gottesdienst, den er angeordnet hatte; sie opferten den Götterbildern und entweihten den Sabbat.

Der König schickte Boten nach Jerusalem und in die Städte Judäas mit der schriftlichen Anordnung, man solle eine Lebensform übernehmen, die dem Land fremd war. Brand-, Schlacht- und Trankopfer im Heiligtum seien einzustellen, Sabbate und Feste zu entweihen, das Heiligtum und die Heiligen zu schänden. Man solle stattdessen Altäre, Heiligtümer und Tempel für die fremden Götter errichten sowie Schweine und andere unreine Tiere opfern. Ihre Söhne dürften sie nicht mehr beschneiden, vielmehr sollten sie sich mit jeder denkbaren Unreinheit und Schande beflecken. So sollte das Gesetz in Vergessenheit geraten, und alle seine Vorschriften sollten hinfällig werden. Wer aber des Königs Anordnung nicht befolge, müsse sterben. […]

Viele aus dem Volk schlossen sich ihnen an; sie alle fielen vom Gesetz ab und trieben es schlimm im Land. Die Israeliten mussten sich vor ihnen verstecken, wo immer sie Zuflucht fanden. (1 Makk 1,41–53)

Wo hätte es das vorher gegeben, dass ein Herrscher beschließt, aus einem Vielvölkerstaat durch »kulturelle Säuberung« ein einziges Volk zu machen? Dieser Punkt gehört wohl mit Sicherheit in den Bereich der Legende. Zu krass ist der Bruch mit dem oben erwähnten Prinzip imperialistischer Politik, unterworfene Völker nach deren eigenen Gesetzen zu regieren. Außerdem kommt es in keinem anderen Bereich des seleukidischen Herrschaftsgebiets zu derartigen Verfolgungen. Aus diesem Grund wird die Authentizität des »nationalistischen« Motivs der Verfolgung, von manchen sogar der Verfolgung überhaupt angezweifelt. Vor allem Steven Weitzman hat mit neuen Argumenten die Historizität des Edikts bestritten.[123] Es würde sich dann um eine nachträgliche Konstruktion der Hasmonäer zur Legitimation ihres brutalen Vorgehens gegen die assimilierte jüdische Bevölkerung handeln. Mir leuchtet dieses Argument durchaus ein.[124] Das spezielle Problem in Judäa liegt eben gerade darin, dass die jüdischen Religionsgesetze unter den Juden selbst umstritten waren. Wie auch immer man die Historizität des Edikts beurteilen will, sicher ist je-

123 Vgl. Steven Weitzman, »Plotting Antiochus's Persecution«, in: JBL 123/2 (2004) 219–234.

124 Auch Elias Bickermann sah die treibende Kraft hinter der Verfolgung bei der Reformpartei: »Da die Verfolgung lokal begrenzt war, liegt es nahe anzunehmen, dass sie von der lokalen Obrigkeit angestiftet wurde.« Bickermann, der das Religionsedikt Antiochus' IV. für historisch hielt, deutete die Angaben so, dass es auf Betreiben der Hellenisten erlassen wurde (Ders., Der Gott der Makkabäer. Untersuchungen über Sinn und Ursprung der makkabäischen Erhebung, Berlin 1937). Victor Tcherikover vertrat dann gegen Bickermann die These, dass das Edikt vielmehr auf eine Revolte der Orthodoxen gegen die Reformpartei reagierte (Hellenistic Civilization and the Jews, Philadelphia 1959, 152–174). Aber auch diese Interpretation sieht den ersten Anstoß bei den Reformern, nur billigt sie dem König mehr Initiative zu. Martin Hengel hat dann neue Argumente für die Deutung Bickermanns beigebracht. Zu Elias Bickerman(n) siehe Albert I. Baumgarten, Elias Bickerman as a Historian of the Jews. A Twentieth Century Tale. Tübingen 2010 und Ders., »Russian-Jewish Ideas in German Dress: Elias Bickerman on the Hellenizing Reformers in Jewish Antiquity«, in: Jörg Schulte et al. (Hg.), The Russian-Jewish Diaspora and European Culture 1917–1937, Leiden/Boston 2012, 73–108.

denfalls der Konflikt zwischen einer Reformpartei, die eine Öffnung des Judentums gegenüber dem *koinos bios,* der allgemeinen Lebensweise anstrebt, und einer konservativen Partei, die unter allen Umständen an den überkommenen Gesetzen festhalten will. Die mit dem Hellenismus aufkommende und sich in der ganzen Alten Welt verbreitende »gemeinsame Lebensweise« entspricht in großen Zügen dem, was heute als westlicher Lebensstil verstanden und von den Fundamentalisten in Ost und West verabscheut wird. Fundamentalismus ist damals wie heute eine Reaktionsbildung auf eine Verwandlung der Welt in Richtung Modernisierung und Globalisierung, die von bestimmten (und gegenwärtig immer stärker werdenden Gruppen) als Bedrohung ihrer Identität empfunden wird.

Die erhaltenen jüdischen Quellen vertreten die konservative Sicht; sie sehen in der Reformpartei nur Gesetzesbrecher *(anomoi)*, Deserteure *(phygades)*, Sünder *(hamartoloi)*, denen es um nichts anderes als bequemes Wohlleben und ungehinderte Bereicherung geht. Demgegenüber erblickt die vor allem von Elias Bickermann[125] und Martin Hengel[126] vertretene Deutung in der Reformpartei eine genuin jüdisch-monotheistische Bewegung, die eine Reformulierung des Judentums und der Zugehörigkeitskriterien zum Gottesvolk in einem weniger exklusiven Sinne anstrebt. Die Kritik am Gesetz, schrieb Bickermann, »ging von den Juden selber aus, und zwar von einer Partei unter den Juden, die eine Reform des Glaubens der Väter im Sinne einer Abkehr vom Einzigkeitsglauben erstrebte,

125 Bickermann, Der Gott der Makkabäer.

126 Hengel, Judentum und Hellenismus, Kap. IV, 464–564.

ohne daß sie dadurch den Gott der Väter ganz verlassen und Zion untreu werden wollte. Dieser Richtung gehörten die führenden Schichten des Volkes an, wahrscheinlich seine Mehrheit.«[127] Diese Partei hätte nicht nur mit der seleukidischen Herrschaft kollaboriert, sondern sogar die antijüdischen Edikte der Regierung veranlasst. Diese These stieß auf viel Kritik und ist bis heute umstritten.[128] Ich muss die Frage offen lassen, halte es aber für sehr viel plausibler, die Authentizität des in 1 Makk zitierten Edikts überhaupt zu bestreiten, als seine Veranlassung der Reformpartei in die Schuhe zu schieben. Insoweit aber möchte ich der Darstellung in 1 Makk folgen, dass es im Vorfeld des Makkabäeraufstands einen Konflikt gegeben haben muss zwischen Vertretern einer »universalistischen« und einer »exklusivistischen« Auslegung der jüdischen Religion. In seiner universalistischen Ausrichtung proklamiert der spätbiblische beziehungsweise frühjüdische Monotheismus die Einzigkeit Gottes als Herrn der Welt, der Geschichte und aller Völker, in seiner exklusivistischen Tendenz betont er die Differenz zwischen dem auserwählten Volk und den Kanaanäern und definiert die Zugehörigkeit zu diesem Volk mit der strikten Einhaltung der auf das Gesetz Moses gegründeten jüdischen Lebensform. Die jüdische Reformpartei favorisiert die universalistische Perspektive und erkennt im jüdischen Gott denselben, für den sich in der

127 Bickermann, Der Gott der Makkabäer, 7.

128 Albert Baumgarten, a. a. O., sieht die Initiative bei Antiochus IV., der die jüdische Religion verbieten ließ, um die jüdische Priesterschaft für ihren Abfall im Jahre 169 vor Christus zu bestrafen. Siehe auch Arnaldo Momigliano, Alien Wisdom: The Limits of Hellenization, Cambridge 1975, 106–12.

hellenistischen Welt die Bezeichnung als Hypsistos, das heißt »Höchstes Wesen«, verbreitet hat.[129] Den puritanischen Exklusivismus empfindet diese Partei als unheilvoll: »denn seit wir uns abgesondert haben, geht es uns schlecht« (1 Makk 1,11).[130] Hengel zufolge lautete die Devise der Reformer nicht »Heraus aus dem Judentum!«, sondern: »Zurück zu Abraham!«[131] Zurück zu Abraham bedeutet: Weg von Moses, weg von der puritanischen, das heißt deuteronomistisch-pharisäischen »strikten Observanz« des Gesetzes, zurück zu einer jüdischen Lebensform »ante legem«, die sowohl in den Sitten wie in den Gottesvorstellungen noch in einem Austausch und vielfacher Gemeinsamkeit mit der Umwelt lebte. Als Manifest dieses Gesetzespuritanismus, gegen den die Reformpartei ankämpfte, kann der Brief des Aristeas gelten:

> *Der Gesetzgeber, von Gott zu umfassender Erkenntnis ausgerüstet, umschloss uns mit nicht zu durchbrechenden*

---

129 Vgl. die Eingabe des Aristeas nach Jos. Flav., Ant. 12,2 (II, 62): »Durch eifriges Forschen habe ich gefunden, dass derselbe Gott, der den Juden die Gesetze gab, auch dein Reich regiert. Diesen Gott, den Schöpfer des Weltalls, verehren auch wir und nennen ihn den ›Lebendigen‹, weil er allen das Leben verleiht.«

130 Man kann vermuten, dass dabei auch die bemerkenswerte Aussage Gottes bei Hesekiel 20,25 eine Rolle spielte: »Auch gab ich ihnen Gesetze, die nicht gut waren, und Rechtsvorschriften, die es ihnen unmöglich machten, am Leben zu bleiben.« Nach Hesekiel 20,26 bezieht sich das auf das Gesetz des Erstlingsopfers. Aber man konnte es auch auf die Absonderungs-, insbesondere Speisegebote beziehen. Siehe hierzu auch Rainer Kessler, »›Gesetze, die nicht gut waren‹«. Eine Polemik gegen das Deuteronomium«, in: Friedhelm Hartenstein (et al.) (Hg.), Schriftprophetie (FS Jörg Jeremias), Neukirchen-Vluyn 2004, 253–263.

131 Hengel, Judentum und Hellenismus, 552ff.

Palisaden und ehernen Mauern, damit wir mit keinem der anderen Völker in irgendeiner Hinsicht in Verkehr seien, rein an Leib und Seele, frei von trügerischen Vorstellungen, den Gott, der allein Gott, allein mächtig ist, im Unterschied zur Schöpfung verehrten [...] Damit wir nun mit nichts uns befleckten und nicht im Verkehr mit Schlechtem verdorben würden, umschloss er uns von allen Seiten mit Reinheitsvorschriften, Geboten über Speisen und Getränke und Hören und Sehen.[132]

»Zurück zu Abraham« war dann später auch die Devise des Paulus, der sogar bis zum Abraham des 15. Kapitels des Buches Genesis zurückging, das heißt vor die Beschneidung, die erst im 17. Kapitel als Bundeszeichen eingesetzt wird.[133] Vieles spricht dafür, dass Abraham und Mose im nachexilischen Judentum nicht nur für zwei Epochen, sondern auch für zwei alternative Auslegungen des Judentums standen, von denen die eine sich auf Abstammung, die andere auf das Gesetz gründete.[134] Dem entsprechen die Erkenntnisse der neueren Textkritik, der zufolge die Abrahamsgeschichten einer jungen Textschicht angehören müssen, da Abraham außerhalb der Genesis in der hebräischen Bibel nur höchst selten zitiert wird.[135]

---

132 Arist 139 und 142, nach Gerhard Delling, Die Bewältigung der Diasporasituation durch das hellenistische Judentum, Berlin 1987, 9.

133 Vgl. Jacob Taubes, Die politische Theologie des Paulus, München 1993, 69f.

134 Vgl. Thomas Römer, »Recherches actuelles sur le cycle d'Abraham«, in: André Wénin, (Hg.), Studies in the Book of Genesis. Literature, Redaction and History (BEThL CLV), Louvain 2001, 179–211.

135 Vgl. Hermann Spieckermann, »›Ein Vater vieler Völker‹. Die Verheißungen an Abraham im Alten Testament«, in: Reinhard G. Kratz, Tilman

Zur Frage der ethnischen Identität kommt eine theologische. Eine der Schlüsselszenen der Abrahamserzählungen ist Abrahams Begegnung mit Melchisedek, dem kanaanäischen König von Salem (= Jerusalem) und Priester des Höchsten Gottes, der Abraham segnet im Namen dieses höchsten Gottes *(El Elyon = Hypsistos)*, des Schöpfers von Himmel und Erde. Das ist derselbe Gott, den in der Makkabäerzeit die phönizischen Städte als *Ba'al-Schamim* (»Herr des Himmels«)[136] verehrten, ein allumfassender Himmelsgott, dessen Kult die Reformpartei unter dem Namen Zeus Olympios in Jerusalem einführen wollte und den sie offenbar nach dem Vorbild des Abraham als den eigenen Gott anerkannten. Die Widmung des Tempels an Zeus Olympios bedeutete in ihren Augen keine Umwidmung an einen anderen als den jüdischen Gott, sondern nur dessen Bezeichnung mit einem Namen, denn das Tetragramm und seine Aussprache als Adonai war ja kein Name.[137] So wurde der Gott der Juden auch von den Griechen verstanden. Hekataios von Abdera (bei Diodor) schrieb, für die Juden sei »der Himmel allein, der die Erde umfasst, Gott und Herr des Ganzen«[138] und nach Poseidonios (bei Strabo) lehrten die Juden, dass »jenes Eine Wesen Gott sei, welches uns alle und Erde und Meer umfasst, welches wir Himmel und Erde und Natur der Dinge nennen«.[139]

Nagel (Hg.), »Abraham unser Vater«. Die gemeinsamen Wurzeln von Judentum, Christentum und Islam, Göttingen 2003, 8–21.

136 Vgl. Hengel, Judentum und Hellenismus, 542f.

137 Vgl. Bickermann, Der Gott der Makkabäer, 92–96.

138 Hekataios bei Diodor 40,3, zitiert nach Hengel, Judentum und Hellenismus, 466.

139 Strabo 16,2,35–37, zitiert nach. Hengel, Judentum und Hellenismus, 470.

So wie der jüdische Monotheismus zwischen Exklusivismus und Universalismus, so schwankt die jüdische Identität zwischen politischer, religiöser und ethnischer Definition. Das ist, soweit ich sehe, ein ziemlich einzigartiger Fall in der Menschheitsgeschichte. *Ethnische* Identität ist eine Frage der Abstammung (*to homaimon,* »das gleiche Blut«, wie es bei Herodot heißt[140]), politische Identität ist eine Frage von Assoziation und Dissoziation, des Zusammenschlusses und des Ausschlusses, der Gruppenbildung und der Abgrenzung nach außen, und religiöse Identität ist eine Frage des Kults und der Sitte (»gleiche Riten und Sitten« nach Herodot). Das Besondere der jüdischen Situation ist die Verschmelzung dieser drei Identitätskriterien. Die Symbolfigur Abraham steht für die Verschmelzung von religiöser und *ethnischer*, die Symbolfigur Mose für die Verschmelzung von religiöser und *politischer* Identität. Durch die mosaische Verschmelzung wird auch die Religion eine Frage von Assoziation und Dissoziation. Dadurch entsteht eine Religion völlig neuen Typs, die dann zum Modell für die neuen Weltreligionen wird. Das charakteristische Kennzeichen dieser neuen Religionsform ist ihr politischer Charakter. Diese Religion stiftet und definiert Gruppenzugehörigkeit und zieht eine Grenze nach außen. Sie unterscheidet zwischen Zugehörigen und Nichtzugehörigen, also Gläubigen und Ungläubigen, Israel und den

140 Herodot VIII, 144, vgl. Moses I. Finley, »The Ancient Greeks and their Nation«, in: Ders., The Use and Abuse of History, London 1975, 120–133: »Und dann ist da das Griechentum *(tò hellenikón)*, nämlich die Gleichheit des Blutes und der Sprache *(homaimón te kaì omóglosson)*, die gemeinsamen Heiligtümer und Riten und die gleichgerichteten Sitten *(etheá te homótropa)*.«

Völkern, Christen und Heiden, *dar al-Islam* und *dar al-harb*.

Die rein politische Unterscheidung von Assoziation und Dissoziation ist etwas anderes als die Unterscheidung von Freund und Feind im Sinne Carl Schmitts. Der politisch Nichtzugehörige muss nicht gleich der Feind sein. Im Gegenteil, man kann mit dem Nichtzugehörigen, das heißt dem anderen, der anderen Gruppe, Verträge schließen, Bündnisse, Kooperationen, ohne ihn dadurch bereits in die eigene Gruppe aufzunehmen. Die Grenze zwischen dem Eigenen und dem Fremden lässt viele Formen des Grenzverkehrs zu. Typischerweise ist es in der Alten Welt die Religion, die diesen Grenzverkehr schützt und reguliert. Verträge werden beeidigt, die Eide werden bei den jeweils eigenen Göttern beschworen und die Gottheiten beider Seiten werden als äquivalent korreliert, zum Beispiel der Wettergott der Hethiter und der Sonnengott der Ägypter im Staatsvertrag zwischen Hattuschil III. und Ramses II. Die Götter werden zu Schirmherren des Vertrags bestellt und wachen über seine strikte Einhaltung. Dass der andere andere Götter hat als man selbst, macht ihn nicht zum Feind, sondern befördert im Gegenteil die Verständigung.[141] Das Prinzip der Assoziation ist nicht über Kult, sondern über Herrschaft und Abstammung definiert.

Genau das ändert sich im Rahmen der neuen Religionsform, die sich in den Jahrhunderten zwischen 750 und

141 Siehe dazu meinen Aufsatz »Translating Gods. Religion as a factor of cultural (in)translatability«, in: Sanford Budick, Wolfgang Iser (Hg.), Translatability of Cultures. Figurations of the Space Between, Stanford 1996, 25–36.

150 in Israel beziehungsweise Judäa herausbildet und in den Makkabäerkriegen zum ersten Mal geschichtlich manifest wird. Das Prinzip der Zugehörigkeit zum Volk Israel als einer religiösen Assoziation im Sinne des auserwählten Gottesvolks ist nun nicht mehr eine Frage der Herrschaft und Abstammung, sondern der Befolgung des Gesetzes. Jude im religiösen Sinne ist, wer das Gesetz hält. Erstmals bestimmt die Religion die Zugehörigkeit. Wer vom Gesetz abfällt, gehört nicht mehr dazu, sondern gehört zu den Heiden (hebr. *goyîm,* griech. *ta ethne*). Religion im neuen Sinne ist weder nur Kult noch Weltanschauung und Glaubenssystem, sondern vor allem Lebensform. Im Palästina der damaligen Zeit standen sich nach Josephus Flavius zwei Lebensformen gegenüber, die jüdische und die »allgemeine« Lebensform *(ho koinos bios).* Zum ersten Mal gibt es Juden, die nicht mehr als solche anerkannt, sondern dissoziiert, das heißt zu den Heiden gerechnet werden. In der Situation der Verfolgung wird solche Dissoziation zur Feindschaft, zum *Casus Belli.*

Die dissoziative Tendenz des neuen Typus von Religion ist nur die andere Seite ihrer assoziativen Kraft. Je stärker der Glaube bindet, solidarisiert, zusammenschließt, desto schärfer unterscheidet er und grenzt er aus. Erst im Zusammenhang dieser Religionsform kann man von Heiden, Ketzern und Apostaten sprechen. Von den traditionellen Religionen konnte man nicht abfallen, ebenso wenig wie man zu ihnen konvertieren konnte. Apostasie und loyale Unterwerfung waren rein politische Kategorien, sie bezogen sich auf den Herrscher, nicht auf die Götter. Die neue Religionsform entsteht dadurch, dass sich die Gottesbeziehung politisiert, dass sie zum Prinzip der Assoziation und Dissoziation wird und dadurch zur herkömmlichen Sphäre der Herrschaft in Konkurrenz tritt oder sie sich geradezu unterwirft. Im Staat traditionellen Typs war die Religion in der Form des Kults dem Politischen untergeordnet, sie war ein Instrument und ein Aufgabenbereich der Regierung. In dem Maße aber, in dem die neue Religion den Bereich des Kults transzendiert und in Form geltenden Rechts das ganze Leben bestimmt, zur Lebensform wird, wird sie politisch, definiert sie die Zugehörigkeit zu einem Volk, das nun zum »Königreich von Priestern und heiligen Volk« (Ex 19,6) erklärt wird, als eine religiös definierte und politisch organisierte Gemeinschaft, und zwar unter der Herrschaft des Gesetzes als des kodifizierten göttlichen Willens.

Um zur Frage des Zelotismus zurückzukommen, so ist, wie eingangs betont, die Möglichkeit nicht auszuschließen, dass es sich hier um eine Reaktionsbildung nicht nur auf radikale Modernisierungsbestrebungen, sondern darüber hinaus auch auf eine gewaltsame Verfolgung handelt. Jedenfalls waren hier zum ersten Mal in der Geschichte die Bedingungen dafür geschaffen, dass eine Tradition sozusagen ihren Aggregatzustand veränderte und den *status confessionis* annahm. Jetzt wurde, was bis dahin frommer Brauch war, zu einer Frage auf Leben und Tod. Martin Hengel, der beste Kenner sowohl der konflikthaften Beziehungen von Hellenismus und Judaismus als auch des Zelotismus spricht in diesem Zusammenhang von einem »Eifer gegen das Gesetz«, der erst den eigentlichen Zelotismus, den »Eifer für das Gesetz« als Reaktionsbildung ausgelöst habe.[142] Das ist sicher eine richtige Diagnose der historischen Zusammenhänge, aber vielleicht keine ganz glückliche Terminologie. Eifern, hebräisch *qana'*, griechisch *zeloun,* kann man nur für das Gesetz, den Glauben, Gott. Die Reformer werden, soweit ich sehe, nirgends *zelotai* oder *qana'îm* genannt. Eifern ist insofern ein heiliges Tun, als es die »Eifersucht« *(qin'ah)* Gottes, des *El qanna'* abbildet. Diese Spiegelbeziehung zwischen göttlicher Eifersucht und menschlichem Eifer kommt, wie wir gesehen haben (s. o., S. 38f.), besonders deutlich in der Erzählung von Pinhas, dem Vorbild aller Eiferer, zum Ausdruck. Diese Szene hat den Rang einer Urszene, eines schlechthin verbindlichen Vorbilds für den makkabäischen Zelotismus. So wird im 1 Makk 2,26 erzählt, wie den Hohepriester Mattathias der Eifer des Herrn ergreift, als er sieht, wie ein Jude das vom König geforderte Opfer vollziehen will, das er, der Hohepriester, standhaft verweigert hatte.

> *Als Mattathias das sah, packte ihn leidenschaftlicher Eifer; er bebte vor Erregung und ließ seinem gerechten Zorn freien Lauf: Er sprang vor und erstach den Abtrünnigen über dem Altar. Zusammen mit ihm erschlug er auch den königlichen Beamten, der sie zum Opfer zwingen wollte, und riss den Altar nieder; der leidenschaftliche Eifer für das Gesetz hatte ihn gepackt, und er tat, was einst Pinhas mit Simri, dem Sohn des Salu, gemacht hatte.*
>
> *Dann ging Mattathias durch die Stadt und rief laut:*

142 Hengel, Judentum und Hellenismus, 557. Vgl. auch Ders., Die Zeloten (WUNT 283), hg. von Roland Deines, Claus-Jürgen Thornton, Tübingen [3]2011, bes. 153–178.

Wer sich für das Gesetz ereifert und zum Bund steht, der soll mir folgen. Und er floh mit seinen Söhnen in die Berge; ihren ganzen Besitz ließen sie in der Stadt zurück.«(1 Makk 2,24–28)

Das ist der Anfang des Makkabäeraufstands und der Ursprung des Zelotismus. Der Sache nach haben natürlich auch die Vertreter der Gegenseite geeifert, aber nicht im Sinne des einseitig positiv besetzten hebräischen Begriffs. Der Gegensatz von »eifern für« ist offenbar nicht »eifern gegen«, sondern »verfolgen«. Der Begriff eines »Eiferns gegen das Gesetz« würde auch die Bereitschaft implizieren, gegen das Gesetz beziehungsweise für die Reform zu sterben, was ein Widerspruch in sich ist.

Wichtiger aber als diese semantische Frage ist Hengels Deutung des Zelotismus als Reaktionsbildung. Sie lässt sich auch auf den modernen Zelotismus beziehungsweise Fundamentalismus anwenden. Das Kopftuchtragen war zum Beispiel in vielen islamischen Ländern wie Iran und Türkei nichts weiter als eine fromme Sitte und gewann den Rang eines *status confessionis* erst durch das Verbot unter Kemal Atatürk und unter Shah Reza Pahlevi in den zwanziger Jahren des letzten Jahrhunderts. Der Zelotismus der iranischen Mullahs ist unter anderem auch eine Reaktionsbildung gegen die Zwangsmodernisierung des Iran unter den Pahlevis. Die Öffnung, um die es den jüdischen Reformern ging, ähnelt in ihren Aspekten der Modernisierung, der Aufklärung und der religiösen Reform dem, was die modernen islamischen Staaten als »Verwestlichung« brandmarken.

Die Maßnahmen der Makkabäer gegen die Reformer haben den Charakter einer blutigen Gegenreformation. Wichtig ist die Feststellung, dass der Konflikt inner-jüdisch und damit inner-religiös ist. Durch die Verbindung der Reformer mit der Staatsgewalt blieb den Gegenreformern nur übrig, selbst zur Gewalt zu greifen. Gotteseifer ist ein inner-religiöses Phänomen.[143] Der Gotteseifer richtet sich ursprünglich und in erster Linie nicht gegen die anderen Religionen, sondern gegen die Heiden, Ketzer und Apostaten in den eigenen Reihen. Erst die anti-islamischen Kreuzzüge und die anti-jüdischen Pogrome wenden sich gegen die anderen Religionen.

Das gilt nun auch und ganz besonders für das Sterben.[144] Während 1 Makk vom Töten für Gott und dem heldenhaften Eifer der Makkabäer für das Gesetz berichtet, konfrontiert uns 2 Makk mit einer ganz anderen, geradezu entgegengesetzten Form des Eiferns für Gott, die sich nicht im Töten, sondern im Sterben für das Gesetz manifestiert, dem Martyrium. Martyrium heißt »sterben für Gott«, es ist die äußerste Form eines Lebens im oder nach dem Gesetz, eines Ausagierens der zum »Drehbuch« der Lebensführung verinnerlichten Schrift. Das Martyrium, das dann später ein so zentrales Motiv der jüdischen und christlichen Religion wird, tritt uns zum ersten Mal in den Makkabäerkriegen entgegen. Das ist ebenso wie sein aktives Gegenstück,

143 Diesen introvertierten Charakter des Gotteseifers verkennt übrigens Peter Sloterdijk, der seinem Buch über »Gottes Eifer« den Untertitel »Vom Kampf der drei Monotheismen« gab: Gottes Eifer. Vom Kampf der drei Monotheismen, Frankfurt 2007.

144 Siehe hierzu Tück (Hg.), Sterben für Gott.

das Töten für Gott, ein Phänomen, das nur im Horizont des exklusiven Monotheismus und seiner Devise »Keine anderen Götter!« denkbar ist.

Martyrion kommt von griechisch *martys,* »Zeuge«. Zeugenschaft ist hier in einem doppelten Sinne im Spiel. Es handelt sich um einen Zeugentod und um einen bezeugten Tod. Der Märtyrer stirbt als Glaubenszeuge, er bezeugt die überragende Wahrheit und Geltung des Glaubens beziehungsweise der Gesetze, indem er lieber den Tod erleidet als dagegen zu verstoßen. Darüber hinaus handelt es sich um einen bezeugten Tod. Im Talmud gibt es die Regelung, dass man im Falle von Zwangskonversion das Martyrium nur unter der Bedingung auf sich nehmen darf, dass mindestens zehn Juden dabei anwesend sind; ist das nicht der Fall, soll man übertreten (bT Sabbath 130a).[145] Außerdem haben nur drei der 613 Gebote und Verbote den höchsten *status confessionis,* der das Martyrium erfordert: Mord, Unzucht (wörtlich: Entblößung der Geschlechtsteile) und Götzendienst. Wer zu einem dieser drei Dinge gezwungen wird, soll lieber den Tod erleiden. Praktisch geht es aber nur um Götzendienst, wozu auch das Essen von Schweinefleisch und das Abschwören des Glaubens gerechnet werden. Der hebräische Ausdruck für Martyrium, *qiddush ha-Shem,* bedeutet wörtlich »die Heiligung des Namens«. Das Gegenteil ist *chillul ha-Shem,* »Entweihung des Namens«. Wie Verena Lenzen gezeigt hat, bildet die Idee der Heiligung des Namens die Sinnmitte der jüdischen Religion und steht ja auch im christlichen Vaterunser an

145 Nach Verena Lenzen, Jüdisches Leben und Sterben im Namen Gottes, München 1995, 102.

erster Stelle, nur dass die Christen dabei nicht mehr oder nicht in erster Linie an das Martyrium denken. Aber auch im Judentum geht es nach Lenzen nicht nur um Sterben, sondern auch um Leben im Namen Gottes, um Leben als Hingabe. Zur Frage des Martyriums kommt es nur, wenn in der Situation der Verfolgung der Fromme vor die Alternative *qiddush* oder *chillul ha-Shem* gestellt wird. So wie für die Christen das Martyrium im Zeichen des Kreuzes, so steht es für die Juden im Zeichen der *aqedah Jizchaq*, der »Bindung Isaaks«, jener Szene, die ja auch in christlicher Deutung der Antitypus beziehungsweise die Präfiguration des Kreuzestodes Christi bildet. Abraham und Isaak sind die Erz-Märtyrer, so wie Pinhas der Erz-Eiferer ist, aber die Aqedah hat in der frühjüdischen Vorstellungswelt noch einen ganz anderen Stellenwert als die Szene von Numeri 25. Die makkabäischen Beispiele des Martyriums werden in 2 Makk 6 und 7 erzählt und in 4 Makk 8–18 zu einem leuchtenden Vorbild vollkommener Frömmigkeit ausgestaltet. Es geht einmal um den greisen Eleasar (2 Makk 6,18–31; 4 Makk 6.7) und zum anderen um Hannah und ihre sieben Söhne (2 Makk 7; 4 Makk 8–18), die vor die Wahl gestellt werden, entweder Schweinefleisch zu essen oder sich in der grauenvollsten Weise zu Tode foltern zu lassen. Die Mutter handelt nach dem Vorbild Abrahams, indem sie ihre Söhne zum Martyrium antreibt, und die Söhne handeln nach dem Vorbild Isaaks, indem sie sich freudig und standhaft den scheußlichsten Qualen unterziehen.[146] Es handelt sich um exemplarische Geschichts-

146 Vgl. dazu Aharon Agus, The Binding of Isaac and Messiah, New York 1988.

schreibung: Die beiden Szenen werden als Vorbilder und gewissermaßen als Leuchttürme herausgestellt, die den Juden in Zeiten schwerer Verfolgung zur Orientierung dienen sollen. An dem rein literarischen Charakter dieser Erzählungen kann kein Zweifel bestehen, aber es ist nicht auszuschließen, dass ähnliche Fälle damals (und erstmals) vorgekommen sind.

Es scheint mir alles andere als ein Zufall, dass das Schicksalsjahr des Ausbruchs der Makkabäerkriege auch den Ursprung der Apokalyptik bezeichnet. In diesem Jahr 165 vor Christus entstand das Buch Daniel. Die für die apokalyptische Semantik entscheidende Szene ist neben den beiden Träumen, in denen der geschichtliche Weltlauf enthüllt wird, vor allem die Menetekel-Szene mit dem Bild der Waage: Das ist die Waage des Weltgerichts, auf der Nebukadnezar als zu leicht befunden und verworfen wird. Apokalypsis bedeutet die Enthüllung des Ernstfalls, und dieser besteht in Weltende und Weltgericht wie in Matthäus 25 und in der Johannes-Offenbarung. Entscheidend bei dieser Enthüllung ist, dass der Ernstfall als etwas unmittelbar Bevorstehendes erscheint.

In letzter Konsequenz steigert sich der Komplex von Schuld, Bundesbruch und Gotteszorn bis zur Vorstellung der Apokalypse als des äußersten Ernstfalls, an dem die Geschichte endet und die Welt gerichtet wird. Die apokalyptische Semantik kündigt sich im Alten Testament (im Buch Daniel) erst andeutungsweise an, sie gewinnt stärkere Konturen im Neuen Testament und ist allgegenwärtig im Koran, wo ständig von Gericht, Heil und Verdammnis sowie Freunden und Feinden Gottes die Rede ist. Diese brisante und hochaktuelle Semantik vor allem gilt es auf ihre Ursprünge hin zu durchleuchten und zu überwinden.

Wer weiß, was die Stunde geschlagen hat, sieht sich vor die Entscheidung gestellt, sich auf die Seite der Seligen oder der Verdammten zu schlagen. Jetzt, in diesem Licht, erreicht das Prinzip der religiösen Assoziation und Dissoziation, um mit Carl Schmitt zu reden, seinen höchsten Intensitätsgrad. Im Licht der apokalyptischen Semantik mit ihrer Idee eines Weltgerichts und der Unterscheidung zwischen Heil und Verdammnis eröffnet sich dem Menschen im Martyrium die Chance, sich mit einem einzigen Schritt definitiv auf die Seite des Heils zu stellen und ins Paradies einzugehen.[147] Versteht man Offenbarung in diesem prägnanten Sinne, dann lassen sich Offenbarungsreligionen als potenziell »totale Religionen« charakterisieren, die ihre totalisierende Kraft von der stets gegebenen, jederzeit unmittelbar bevorstehenden »realen Möglichkeit« des Weltgerichts beziehen.

Unter dem »Ernstfall« im Sinne Carl Schmitts hat man keine reale geschichtliche Situation zu verstehen, sondern die Konstruktion von Bedrohungsszenarien durch interessierte Kräfte. Oft gehen durchaus reale Fakten in solche Szenarien ein, oft (wie zum Beispiel im Fall der »Massenvernichtungswaffen« Saddam Husseins) sind sie aber auch nur herbeigeredet. Meist geht es darum, Feindbilder aufzubauen und Gewalt als Verteidigung zu motivieren und zu legitimieren. Man sieht sich in die Defensive gedrängt und zu jeder Art von gewalttätigem Widerstand berech-

147 Siehe dazu: ebenda.

tigt. Die Apokalypse stellt die äußerste Form eines solchen Bedrohungsszenarios dar. Sie ist die schärfste Waffe in der Strategie einer Sprache der Gewalt und bildet zugleich den gemeinsamen Nenner von westlichem und östlichem, christlichem und islamischem Fundamentalismus.

Schon Carl Schmitt bedient sich dieser Strategie und gehört zu den apokalyptischen Scharfmachern, wenn auch nicht auf der Seite der revolutionären Beschleuniger wie die heutigen Aktivisten auf christlicher und islamischer Seite, sondern auf der Seite der »Aufhalter« des Weltendes. So hat er sich selbst verstanden, als der »Katechon«, der das Kommen des dem Weltende vorausgehenden Antichristen aufhalten sollte (2 Thess 2,6–7). Sinn dieser metaphorischen Selbstbezeichnung Carl Schmitts ist der darin anklingende apokalyptische Bedrohungshorizont und damit der äußerste »Ernstfall« aller Geschichte und Politik. Mit Recht nannte ihn der jüdische Philosoph Jacob Taubes einen »Apokalyptiker der Gegenrevolution«. Die Rhetorik der Polarisierung, der Entscheidung und des alles rechtfertigenden Ausnahmezustands speist sich aus der Idee der Apokalypse. Vorstellungen vom Ende der Welt kennen vermutlich viele, vielleicht sogar alle Religionen. Das Besondere der Apokalyptik aber ist die Verbindung von Weltende und Weltgericht. Diese Ideenverbindung und die sich daraus herleitende Disposition zu dualistischen Polarisierungen (»Armageddon«, »Achse des Bösen«) scheint mir eine Eigenheit des Monotheismus.

So etwas wie eine totale Religion hat es vorher nicht gegeben. Die »heidnischen« Religionen hatten ihr Zentrum im Kult, und dieser Kult war oft blutig und gewalttätig genug.

Aber sie polarisierten die Menschen nicht in Freund und Feind anhand von Kriterien einer Orthodoxie, sei es des Gesetzes oder des Glaubens. Kriege wurden aus Habgier, Rache oder Angst geführt, aber nicht aus religiösen Gründen. Die Idee eines Ernstfalls wie des Jüngsten Gerichts, der Apokalypse und des Martyriums war diesen Religionen fremd, und nur von der Idee eines Ernstfalls her (in diesem Punkt möchte ich Carl Schmitt durchaus recht geben) ist das Totale im Religiösen wie im Politischen denkbar.

SCHLUSS AUSGÄNGE AUS DER SPRACHE DER GEWALT

Zwei Ergebnisse dieser Rückbesinnung auf die Ursprünge der religiösen Gewalt möchte ich festhalten. Das eine ist der von Carl Schmitt aufgezeigte Zusammenhang zwischen Gewalt und Ernstfall als der Bedingung, unter der die immer gegebene Dialektik von Assoziation und Dissoziation in die Unterscheidung von Freund und Feind und damit in ein totalisierendes Prinzip umschlägt. Diese Dynamik gehört in den Bereich der Politik. Sie ist in die Religion eingedrungen, als der assyrische Staatsloyalismus mit seiner Form »totaler Mitgliedschaft« (Peter Sloterdijk) als Modell des am Sinai geschlossenen Gottesbundes übernommen wurde. Was dagegen im Raum der Religion wirklich als »Ernstfall« gelten kann, ist der staatliche Totalitarismus mit seinem Anspruch, alle Lebensbereiche und damit auch die Religion zu regulieren und kontrollieren. Unter diesen Bedingungen kommt der Religion die Aufgabe zu, dem Totalanspruch des Staates einen ganz anderen Anspruch entgegenzusetzen. Vermutlich war schon die Opposition der frühen Propheten und der deuteronomistischen Puritaner als Widerstand gegen die assyrische Unterdrückung zu verstehen. Ihnen ging es aber darum, dem totalen Staat der Assyrer die Utopie eines nicht minder totalen Gottesstaats entgegenzusetzen. Etwas ganz anderes ist die Strategie, das Gottesreich nicht an die Stelle, sondern neben das weltliche Reich zu setzen und es dadurch in seinem Totalanspruch einzuschränken und zu relativieren. In diesem Sinne möchte man das Jesus-Wort »Gebt dem Kaiser, was des Kaisers, und Gott, was Gottes ist« (Mt 22,21; Mk 12,17; Lk 20,25) verstehen, und auch das Wort »mein Reich ist nicht von dieser Welt« schränkt den Totalanspruch des Staates ein, indem es ihm ein anderes, geistiges Reich gegenüberstellt. Das Judentum hatte vom Messias erwartet, dass er das römische Reich überwinden und ein eigenes Reich errichten würde. Jesus, der von seinen Jüngern als der Messias erkannt wurde, tat etwas ganz anderes: Er ließ das römische Reich stehen und stellte das Reich Gottes daneben. Es war unsichtbar schon da und jeder konnte eintreten. Aber indem er zugestand, dem Kaiser zu geben, was des Kaisers ist, vertrat auch er den liberalen Grundsatz der Mischna: »Torah *zusammen mit* dem Weg des Landes« (Pirqē Avôt, 2.2). Die Unterscheidung der beiden Reiche, die Augustinus dann auf die Formel von den beiden civitates brachte, der civitas Dei und der civitas terrena, läuft auf eine Entpolitisierung der Religion und eine Entsakralisierung der Politik hinaus.

Die beste Gegenwehr gegen religiösen Radikalismus bleibt immer der Pluralismus, wie ihn die hebräische Bibel in ihrer Vielstimmigkeit verkörpert. Im Nebeneinander von Torah und Chochmah, Weisung und Weisheit, der Geistigkeit Moses und der Weltlichkeit Salomos, legt sie den Grund zu einer »religio duplex«, die auch unter den Bedingungen des strengen Monotheismus die totalisierende Engführung blockiert. Anstelle »totaler Mitgliedschaft«

geht es hier um doppelte Mitgliedschaft, wie es ja auch schon das Prinzip »*torah 'îm derekh eretz*« vertritt. Man soll Jude und Bürger sein. Diese Weisheit der Mischna nahm Rabbi Samson Raphael Hirsch im 19. Jahrhundert zur Grundlage seiner Konzeption von orthodoxem Judentum, nach der man als gesetzestreuer Jude leben und doch an den Errungenschaften moderner Bildung, Wissenschaft und Technik teilnehmen konnte. Sie war fast 2000 Jahre vorher das Geheimnis des Kompromisses, der dem eifernden Puritanismus der verschiedenen Sekten und Bewegungen im frühen Judentum[148] ein Ende machte und das rabbinische Judentum hervorbrachte, dem es gelang, die inneren Streitigkeiten stillzustellen und als Minderheit friedlich in den (ihrerseits oft alles andere als friedlichen) Gastvölkern der Diaspora zu leben.

Das andere ist die Verbindung von Offenbarung und Schrift. In dieser Allianz hat die Aufklärung das Problem von Intoleranz und Gewalt ausgemacht. Dafür möchte ich noch einen kurzen Blick auf zwei ihrer religiös besonders musikalischen Vertreter, Moses Mendelssohn und Gotthold Ephraim Lessing werfen.[149] Beide verstehen unter Offenbarung nicht die Apokalypse, sondern die hebräische beziehungsweise christliche Bibel als eine in Wort und Schrift kodifizierte Darstellung des göttlichen Willens und sehen das Problem in dem Widerspruch, dass sie zugleich exklusiv, das heißt *einer* Religion gegeben, und universal,

148 Siehe hierzu Albert I. Baumgarten, The Flourishing of Sects in the Maccabaean Era, Leiden 1972.

149 Siehe Verf., Religio Duplex. Ägyptische Mysterien und europäische Aufklärung, Berlin 2010, 165–196.

das heißt für alle Menschen gültig ist. In diesem Widerspruch sehen sie die Wurzel von Intoleranz und Gewalt. Es kommt ihnen darauf an, den Offenbarungsbegriff zu relativieren.

In der endlosen Polemik zwischen Lessing und dem Hamburger Hauptpastor Goeze, auf die ich hier nicht näher eingehen möchte[150], geht es um das Problem der Schrift, an die sich Goeze mit dem starren Sola-scriptura-Prinzip der lutherischen Orthodoxie klammert und die Lessing im Hinblick auf eine Religion der Vernunft relativieren will. In dieselbe Richtung einer Relativierung der Offenbarung weist auch die Ringparabel, die er seinen Juden Nathan den Weisen vor dem Sultan Saladin vortragen lässt. Ein Vater, ein Ring, drei Söhne; in Verlegenheit, wem er den Ring vererben soll, lässt er zwei Kopien anfertigen, die so genau ausfallen, dass sich der echte nicht mehr unterscheiden lässt. Da der echte Ring die Kraft hat, seinen Träger bei Gott und Menschen angenehm zu machen, muss jeder Sohn wetteifern, durch sein Gott und Menschen wohlgefälliges Handeln seinen Ring als den echten zu erweisen, in voller Anerkennung der Tatsache, dass auch der Ring des anderen der echte sein könnte.[151] Dass es die Wahrheit gibt, wird nicht bestritten. Es gibt den echten Ring: Aber er ist nicht auszumachen, die Wahr-

---

150 Siehe hierzu Ernst-Peter Wieckenberg, Johan Melchior Goeze, Hamburg 2007, sowie mein Buch Religio Duplex, 169–172.

151 Siehe hierzu Verf., Religio Duplex, 165–172. Lessing übernahm die Parabel von G. Boccaccio. Siehe hierzu umfassend Niewöhner, Veritas sive Varietas, Heidelberg 1988, 30–34 und passim, sowie weiterführend Karl-Josef Kuschel, Vom Streit zum Wettstreit der Religionen, Düsseldorf 1998; Martin Mulsow, Die drei Ringe, Tübingen 2001.

heit ist verborgen, sie ist immer nur anzustreben, aber niemals zu besitzen. Man muss sie, wie Goethe sagt, »aus ihren Manifestationen erraten«.[152] Diese Manifestationen bestehen für Lessing im Handeln. Nicht die beste Theologie, sondern die beste Handlungsweise manifestiert die Wahrheit, jenes Handeln nämlich, das dazu angetan ist, den Handelnden »bei Gott und den Menschen beliebt zu machen«. Es kommt also nicht auf die Gotteserkenntnis, sondern auf die Lebensführung an, nach dem Prinzip »An ihren Früchten sollt ihr sie erkennen«. (Mt 7,16) Anstelle einer Sprache der Gewalt fordert Lessing tätige, gewaltlose Menschenliebe.

Diese tolerante Zurücknahme des christlichen Wahrheitsanspruchs ist aber kein Kind der Aufklärung, sondern geht bis weit ins Mittelalter zurück. Lessing hat die Ringparabel im »Decamerone« (1348) des Boccaccio gefunden, dieser hat sie aus anderen Quellen geschöpft. Man kennt inzwischen an die dreißig Varianten der Parabel.[153] Eine ähnliche These vertritt aber bereits das Perlengleichnis, das noch älter ist und auf eine christliche Quelle aus der Zeit um 800 zurückgeht. Sie stammt von dem Patriarchen Timotheus der Kirche des Ostens (Nestorianer) (780–832) aus seinem Dialog zwischen dem Patriarchen und dem Kalifen Al-Mahdi:

152 Goethe, Aus Makariens Archiv, in: Werke, Hamburger Ausgabe, Bd. 8, München 1981, 460, Nr. 3.

153 Achim Aurnhammer, Giulia Cantarutti, Friedrich Vollhardt (Hg.), Die drei Ringe. Entstehung, Wandel und Wirkung der Ringparabel in der europäischen Literatur und Kultur, Berlin/Boston 2016.

In dieser Welt sind wir alle wie in einem dunklen Haus in der Mitte der Nacht. Wenn … zufällig eine kostbare Perle mitten unter die Menschen fällt und sich alle ihrer Existenz bewusst werden, wird jeder danach trachten, diese Perle aufzuheben. … Wenn jedoch Licht und Tag heraufziehen … werden die Besitzer der Perle triumphieren und die Besitzer bloßer Steine weinen.

Der Kalif versteht:

Die Besitzer der Perle sind in dieser Welt unbekannt.

Doch der Patriarch antwortet ihm bereits im Sinne von Lessings performativer Wendung der religiösen Wahrheit:

Sie sind teilweise bekannt …: durch gute Werke und fromme Taten.[154]

Derartige Versuche, im Medium der Parabel einen allzu starken absoluten Wahrheitsanspruch und Offenbarungsbegriff einen Stück weit zurückzunehmen, um einen »Raum für Respekt zwischen den Religionen« (D. Weltecke) zu schaffen, gibt es, seit sich der Islam als dritter Ring zu den

154 Dialog des Patriarchen Timotheos und des Kalifen Al-Mahdi, um 781, nach Karl-Josef Kuschel, Im Ringen um den WAHREN RING. Lessings »Nathan der Weise« – eine Herausforderung der Religionen. Ostfildern 2011, 153f. Vgl. Dorothea Weltecke, »Müssen monotheistische Religionen intolerant sein?«, in: Rolf Schieder (Hg.), Die Gewalt des Einen Gottes. Die Monotheismus-Debatte, Berlin 2014, 301–323, bes. 308–312. Siehe auch Alphonse Mingana, The Apology of Timothy the Patriarch before the Caliph Mahdi, Aarhus 1999.

beiden älteren gesellt hat, und sie haben die ganze west-östliche Religionsgeschichte begleitet. Auch wenn der Islam natürlich an der überlegenen Wahrheit des Koran festhielt, implizierte die Konzeption der drei heiligen Bücher und der drei Buchreligionen, der Völker des Buches *(ahl al kitab)*, eine Idee der Toleranz, die dem Westen weit überlegen war. Die Ringparabel konnte nur auf diesem Boden entstanden sein.

Noch radikaler als Lessing äußert sich sein Freund Moses Mendelssohn in seiner Schrift »Jerusalem oder Über religiöse Macht im Judentum« zum Problem der Offenbarung und der Existenz heiliger Offenbarungsschriften, durch die sich die konkurrierenden Weltreligionen (und nur diese) im Besitz ausschließender Heilswahrheiten wähnten. In Mendelssohns Augen ist das Judentum gar keine Offenbarungsreligion. »Ich glaube«, schreibt er, »das Judentum wisse von keiner geoffenbarten Religion. Die Israeliten haben [...] Gesetze, Gebote, Lebensregeln, Unterricht vom Willen Gottes [...], aber keine Lehrmeinungen, keine Heilswahrheiten, keine allgemeinen Vernunftsätze. Diese offenbart der Ewige uns, wie allen übrigen Menschen, allezeit durch Natur und Sache, nie durch Wort und Schriftzeichen.«[155] Mendelssohn unterscheidet also zum einen zwischen Dogmen und Lebensregeln und zum anderen zwischen natürlicher und schriftlicher Offenbarung.

155 Moses Mendelssohn, Schriften über Religion und Aufklärung, hg. von Martina Thom, Berlin 1989, 407f. Siehe auch Ders., »Jerusalem. Über religiöse Macht und Judentum« (1783), und »Vorrede zu Manasseh Ben Israels ›Rettung der Juden‹«. Nach den Erstausgaben neu ediert, kommentiert und mit einem Nachwort versehen von David Martyn, Bielefeld 2001.

Dogmen beziehen sich auf »ewige Wahrheiten«; sie werden nach jüdischer Auffassung allen Menschen in der Schöpfung offenbart und kraft der ihnen vom Schöpfer mitgegebenen Vernunft zumindest andeutungsweise lesbar. Sie sind daher Sache der Vernunft, nicht des Glaubens; nach jüdischer Auffassung können und dürfen sie nie schriftlich kodifiziert werden. »Sie wurden dem lebendigen, geistigen Unterrichte anvertrauet, der mit allen Veränderungen der Zeiten und Umstände gleichen Schritt hält.«[156] Niederschreiben kann und darf man nur »historische«, keine »ewigen« Wahrheiten, und eine solche historische Wahrheit ist das Gesetz, das dem Mose geoffenbart wurde. »Bloß in Absicht auf Geschichtswahrheiten«, schreibt Mendelssohn, »sei es der allerhöchsten Weisheit anständig, die Menschen auf menschliche Weise, das heißt durch Wort und Schrift, zu unterrichten.«[157] Die historische Wahrheit des Gesetzes gilt nur für die Juden, die ewige Wahrheit für die gesamte Menschheit. Im Folgenden definiert Mendelssohn seinen Begriff von »religio duplex« und doppelter Mitgliedschaft. Vernunftwahrheiten sind »allgemeine Menschenreligion, nicht Judentum; und allgemeine Menschenreligion, ohne welche die Menschen weder tugendhaft noch glückselig werden können, sollte hier nicht geoffenbart werden«.[158] »Das Judentum rühmet sich keiner ausschließenden Offenbarung ewiger Wahrheiten, die zur Seligkeit unentbehrlich sind; keiner geoffenbarten Religion, in dem Verstande, in welchem man dieses Wort zu nehmen gewohnt ist. Ei-

156 Mendelssohn, hg. Martina Thom, 420.

157 Ebenda, 411.

158 Ebenda, 415.

nes ist geoffenbarte Religion, ein anderes geoffenbarte Gesetzgebung.«[159] Mendelssohn unterscheidet also zwischen den partikularen Religionen wie Judentum, Christentum, Islam einerseits und der allgemeinen Menschenreligion andererseits und versteht diese als eine allen Menschen gemeinsame, auf ihrer gemeinsamen Teilhabe an Gottes Schöpfung beruhende Religiosität. Jeder Mensch gehört demnach zwei Religionen an: der bestimmten und angestammten Religion, in die er hineingeboren oder zu der er konvertiert ist, und der allgemeinen Menschenreligion. Diese doppelte Mitgliedschaft stiftet, wenn die Menschen sich nur ihrer bewusst werden, Anerkennung und Frieden zwischen den Religionen.

Mit der Idee einer Menschheitsreligion, die sich nicht an die Stelle der einzelnen Religionen setzt, sondern neben oder über ihnen zu denken ist, sind wir in der Gegenwelt des Carl Schmitt angekommen, von dem wir ausgegangen sind. »Wer Menschheit sagt«, stellt Schmitt lapidar fest, »will betrügen.«[160] Die Menschheit gibt es für ihn nicht, weil sie den Begriff des Feindes ausschließt. »Hört die Unterscheidung von Freund und Feind auch der bloßen Eventualität nach auf, so gibt es nur noch politikreine Weltanschauung, Kultur, Zivilisation, Wirtschaft, Moral, Recht, Kunst, Unterhaltung usw., aber weder Politik noch Staat. […] Die Menschheit als solche kann keinen Krieg führen, denn sie hat keinen Feind, wenigstens nicht auf diesem Planeten. Der Begriff der Menschheit schließt den

159 Ebenda, 415.

160 BP, 55.

Begriff des Feindes aus.«[161] Für Schmitt war das der Grund, diesen Begriff zu verabscheuen, für Lessing, Mendelssohn, Herder war es der Grund, ihn zu propagieren und für uns heute, im Zeitalter der Globalisierung, erscheint er als der alternativenlose Ausweg aus dem prophezeiten Kampf der Kulturen.

Die Idee der Menschheit, die das 18. Jahrhundert gegen die Intoleranz der Offenbarungsreligionen mit ihrem Widerspruch von exklusivem Besitz und universaler Geltung ins Feld führen wollte, hat der postkolonialen Kritik nicht standgehalten, weil sie in westlichen Vorstellungen von gemeinsamem Ursprung und Wesen des Menschen verankert war. Heute, wo sich das Problem mit ganz anderer Dringlichkeit stellt, verankern wir die Idee der Menschheit nicht im Ursprung, sondern im Ziel und leiten die Ideen der Menschenrechte wie Freiheit, Demokratie, Gewaltenteilung, Menschenwürde, gegenseitige Anerkennung, Minderheitenschutz und vieles andere mehr nicht aus der Natur des Menschen, sondern aus gemeinsamen Zielen und Bedürfnissen ab. Ob die Ideen westlichen oder östlichen Ursprungs sind, ist völlig unerheblich; wichtig ist, dass sie in Ost und West angestrebt werden. Wir würden auch nicht mehr von Menschen-»Religion« sprechen; was hier im Blick steht als ein die religiösen und kulturellen Differenzen relativierendes, wenn auch respektierendes Prinzip, ist seinerseits gerade nicht religiös, sondern säkular, zivilge-

---

161 BP, 54f. Der neue, nach dem Zweiten Weltkrieg rechtlich in Kraft gesetzte Begriff der Menschenrechte und der »Verbrechen gegen die Menschlichkeit«, auf Englisch: crimes against humanity, gibt Schmitt unrecht. Die Menschheit im Sinne von humanity hat Feinde genug.

sellschaftlich und beruft sich nicht auf Gott und Offenbarung, sondern auf Vernunft und Einsicht. Das sollten aber keine Gegensätze sein. In dem Maße, wie sich auch die Religionen diese Ziele zu eigen machen, wirken sie nicht polarisierend, sondern humanisierend.

Auf den vergleichsweise weltlichen Ursprung von Recht und Moral auch in christlicher Hinsicht hat kein Geringerer als Papst Benedikt XVI. in seiner Rede vor dem deutschen Bundestag am 22. September 2012 hingewiesen.[162] Das Christentum, sagte der Papst, hat

> *im Gegensatz zu anderen großen Religionen [...] dem Staat und der Gesellschaft nie ein Offenbarungsrecht, eine Rechtsordnung aus Offenbarung vorgegeben. Es hat stattdessen auf Natur und Vernunft als die wahren Rechtsquellen verwiesen ... In der ersten Hälfte des 2. vorchristlichen Jahrhunderts kam es zu einer Begegnung zwischen dem von stoischen Philosophen entwickelten sozialen Naturrecht und verantwortlichen Lehrern des römischen Rechts. In dieser Berührung ist die abendländische Rechtskultur geboren worden, die für die Rechtskultur der Menschheit von entscheidender Bedeutung war und ist. Von dieser vorchristlichen Verbindung von Recht und Philosophie geht der Weg über das christliche Mittelalter in die Rechtsentfaltung der Aufklärungszeit bis hin zur Erklärung der Menschenrechte und bis zu unserem deutschen Grundgesetz, mit dem sich unser Volk 1949 zu den »unverletzlichen und unveräußerlichen Menschen-*

162 http://www.bundestag.de/kulturundgeschichte/geschichte/gastredner/benedict/rede/250244 (abgerufen am 13.4.2016).

rechten als Grundlage jeder menschlichen Gemeinschaft, des Friedens und der Gerechtigkeit in der Welt« bekannt hat.

Die Menschenrechte sind ein Kind, nicht der Bibel, sondern der in der Antike beginnenden europäischen Aufklärung. In der Sicht des damaligen Papstes besteht hier aber kein Widerspruch. »Sowohl/Als auch« – das Prinzip der religio duplex – ist in der katholischen Kirche nach wie vor lebendig.[163] Im Ziel sind sich Religion und Aufklärung einig: Frieden und Gerechtigkeit auf unserem gefährdeten Planeten.

Das Gegenstück zu dem »Sowohl/Als auch« der religio duplex ist das »Entweder/Oder« der radikalen Religion. Auch dieses Prinzip hat eine große Bedeutung und ist in die Fundamente der monotheistischen Semantik eingelassen. Helmut Zander hat in seinem großen Buch »›Europäische‹ Religionsgeschichte. Religiöse Zugehörigkeit durch Entscheidung – Konsequenzen im interkulturellen Vergleich« (2016) die Entscheidung und damit das »Entweder/Oder« geradezu zur Signatur der christlichen, jüdischen und islamischen Religion erklärt. Während man in die anderen Religionen durch Abstammung hineingeboren wird, basieren die monotheistischen Religionen und besonders das Christentum, das die europäische Religionsgeschichte

163 Auf das »et-et« (Sowohl/Als auch) der katholischen Kirche hat in diesem Sinne vor allem Klaus Müller hingewiesen, siehe »Gottes Zorn, der Menschen Eifer und die theologische Vernunft. Zu Peter Sloterdijks affektanalytischer Gotteskritik«. In: Magnus Striet, (Hg.), Wiederkehr des Atheismus. Fluch oder Segen für die Theologie? Freiburg 2008, 77–98, besonders 87–90.

bestimmt hat, auf einer Entscheidung, die immer wieder innerlich nachvollzogen werden will, auch von denen, die natürlich auch hier in ihre Religion hineingeboren wurden. *Fiunt, non nascuntur Christiani,* »Christen werden gemacht, nicht geboren« (Tertullian[164]). Dieser Satz lässt sich auf alle Anhänger einer gestifteten, »sekundären« Religion ausweiten, die sich ebenso wie gegen andere Religionen auch gegen ihre eigene Vergangenheit absetzen müssen, und daher strukturell auf Unterscheidung, Entscheidung und innerem Nachvollzug beruhen.[165] Für die heidnischen Religionen musste man sich nicht entscheiden. Zur ägyptischen, babylonischen oder griechischen Religion konnte man nicht konvertieren. Die Gottheiten waren ineinander übersetzbar, hier gab es kein »entweder Zeus oder Amun«. Hier gab es jene Unterscheidung nicht, die eine Entscheidung fordert und die Menschen mit einem »Entweder/Oder« konfrontiert. Damit war allerdings noch lange kein Friede auf Erden gewährleistet. Die Abwesenheit einer spezifischen Form religiöser Gewalt bedeutet nicht das Fehlen sozialer und politischer Gewalt.

Da es Religion nun einmal nur im Plural gibt und geben wird, ist »Sowohl/Als auch« – sowohl Treue zum Eigenen als auch Respekt vor dem Anderen im Bewusstsein gemeinsamer Zugehörigkeit zum genus humanum – das Gebot der Stunde. Diese Form schafft die Differenz nicht ab, sondern respektiert sie im Hinblick auf etwas Übergrei-

---

164 Zander, Religionsgeschichte,132, vgl. S. 19 mit Anm. 15.

165 Zu diesem Begriff Theo Sundermeiers siehe Andreas Wagner (Hg.), Primäre und sekundäre Religion als Kategorie der Religionsgeschichte des Alten Testaments, Berlin/New York 2006.

fendes, das man im 18. Jahrhundert »natürliche Religion« nannte und das sich heute in erster Linie mit dem Begriff der Menschenrechte verbindet.[166] Warum Treue oder Wahrheit in Gewalt umschlagen und was Religion überhaupt mit Gewalt zu tun haben sollte, ist nicht einzusehen.[167] Im Gegenteil scheint Religion das einzige Mittel zu sein, das dem Menschen gegeben wurde, Gewalt – soziale und politische – einzudämmen und ihr nicht Gegengewalt, sondern eine andere Macht entgegen zu setzen. Diese große und unverzichtbare Aufgabe kann Religion nur erfüllen, wenn sie ihrerseits auf jede Art von Gewalt verzichtet und ihre zivilisierende, humanisierende Kraft mit den ihr eigenen (anstatt mit politischen) Mitteln ausübt.

Alle Religionen nehmen für sich in Anspruch, humanisierend zu wirken, indem sie den Menschen an seine wahre Bestimmung heranführen, auch wenn sie diese Bestimmung jeweils ganz verschieden auslegen. »Vor Gott und Menschen angenehm zu machen« ist eben gerade nicht die Kraft des einen echten Rings, der einen, einzigen Perle, sondern ein von allen anzustrebendes Ziel. Die eine, »echte« oder »wahre« Religion gibt es nicht, es gibt nur Religionsformen (im Rahmen welcher Religion auch im-

166 Mit diesen Postulaten renne ich offene Türen ein, vgl. von jüdischer Seite Jonathan Sacks, The Dignity of Difference, London 2002; dt.: Wie wir den Krieg der Kulturen noch vermeiden können, übersetzt von B. Schellenberger, Gütersloh 2007, und von christlich-katholischer Seite die Erklärung »Nostra Aetate« des II. Vatikanischen Konzils (1965).

167 Siehe hierzu Klaus Müller, »Gewalt und Wahrheit. Zu Jan Assmanns Monotheismuskritik«, in: Peter Walter (Hg.), Das Gewaltpotential des Monotheismus und der dreieine Gott, Freiburg 2005, 74–82.

mer), die es darin am weitesten bringen. In diesem Sinne gibt es bessere und weniger gute Formen der Religionsausübung, aber keine wahren und falschen Religionen. Jede Religion – möchte ich behaupten – hat die Kraft, »vor Gott und Menschen angenehm zu machen«; darin liegt nicht nur ihre Kraft, sondern auch ihr allgemeinster und fundamentalster Sinn. »Der Sabbat ist um des Menschen willen geschaffen worden und nicht der Mensch um des Sabbats willen« (Mark 2,27). Sollte sich dieses herrliche Jesus-Wort nicht auf die Religion insgesamt beziehen lassen: Die Religion ist um des Menschen willen da und nicht der Mensch um der Religion willen«?

Was vor Gott angenehm ist, können wir nicht wissen, aber was vor Menschen angenehm ist, das heißt dazu beiträgt, das Zusammenleben auf diesem Planeten zu verbessern, zu erleichtern und zu verschönern, lässt sich doch ziemlich eindeutig bestimmen. Gewalt, Verfolgung, Unterdrückung gehören jedenfalls nicht dazu.

Seit Tausenden von Jahren verankern alle großen Religionen, Ethiken und Weisheitstradionen der Menschheit dieses Prinzip im Gedanken der Gegenseitigkeit, der »Goldenen Regel«: »Was du nicht willst, dass man dir tu, das füg auch keinem anderen zu« oder positiv: »Alles nun, was ihr wollt, daß euch die Menschen tun sollen, das tut ihr ihnen auch! Denn darin besteht das Gesetz und die Propheten.« (Matt 7,12) In diesem Punkt konvergieren religiöse und säkulare Ethiken.[168] Niemand sollte sich unter Berufung auf religiöse Vorschriften bereitfinden, anderen

168 Der ganz besonders gründlich gearbeitete und umfassend dokumentierte Wikipedia-Artikel zu diesem Stichwort umfasst nahezu 100.000 Zeichen.

anzutun, was er selbst sich nicht antun lassen will. Jede Religion wird sich daran messen lassen müssen, was sie dazu beiträgt, »vor Gott und Menschen angenehm zu machen«, das heißt: Frieden, Gerechtigkeit und Schönheit auf der Welt zu verbreiten. Ja, auch Schönheit. Was wäre die Welt ohne die Kirchen und Kathedralen, Moscheen, Synagogen und Tempel, die religiös inspirierten Werke der bildenden Kunst und Poesie, vor allem aber auch der Musik. Der rumänisch-französische Schriftsteller Emil Cioran hat einmal geschrieben: »Wenn wir Bach hören, sehen wir Gott aufkeimen, sein Werk ist gottheitgebärend.«[169] Karl Barth sagte: »Ich bin nicht sicher, ob die Engel, wenn sie im Lobe Gottes begriffen sind, gerade Bach spielen ... Ich bin aber sicher, daß sie, wenn sie unter sich sind, Mozart spielen und daß ihnen dann der liebe Gott besonders gerne zuhört.«[170] Karl Barth und Hans Küng haben beide über Mozart geschrieben als ein nicht nur musikalisches, sondern auch theologisches Phänomen. Auch der emeritierte Papst Benedikt XVI. hat unlängst auf die theologische Bedeutung der Musik aufmerksam gemacht und in der abendländischen Musik einen Beweis für die Wahrheit des Christentums gesehen, also einen Erweis für die Echtheit des christlichen Rings.[171] Auch wenn man den einen echten Ring nicht glaubt, muss man doch anerkennen, dass die Religionen einen unschätzbaren, aus der Kulturgeschichte gar nicht wegzudenken Beitrag geleistet haben

169 Nach Blumenberg, Matthäuspassion, Frankfurt 1988, 109.
170 Karl Barth, Wolfgang Amadeus Mozart, 13. Aufl. Zürich 1987, 13.
171 Siehe hierzu Jan-Heiner Tück, »Erklingt in Bach die Wahrheit des Christentums?«, in: NZZ, 11.7.2015.

zur Humanisierung des Menschen und zur Bewohnbarkeit der Welt.

»Den Gott, den ›es gibt‹, gibt es nicht«, schreibt Dietrich Bonhoeffer in seiner Habilitationsschrift *Akt und Sein.*[172] Meint die Selbstvorstellung Gottes am Sinai nicht genau dies: *ehjeh ascher ehjeh, sum qui sum,* »Ich bin der ich bin«, will sagen: »ich werde sein, das heißt da-sein, mit-euch-sein, als der ich mich erweisen werde«? Gott ist nicht, sondern ereignet sich, wo immer an ihn geglaubt und nach seinen Geboten gelebt wird. Dasselbe meint Jesus, wenn er sagt, »wo zwei oder drei versammelt sind in meinem Namen, da bin ich mitten unter ihnen« (Mt 18,20). Die »wahre Religion« gibt es nicht, aber die heilende, Frieden, Gerechtigkeit und Schönheit stiftende Kraft der Religion, jeder Religion, ereignet sich, wo immer sich Menschen von ihr in diesem Sinne inspirieren lassen.

172 Dietrich Bonhoeffer, Widerstand und Ergebung, DBW 8, 514f. So fordert er, dass man leben und glauben sollte *etsi deus non daretur,* auch wenn bzw. als ob es Gott nicht gäbe.

LITERATURVERZEICHNIS

Agus, Aharon, *The Binding of Isaac and Messiah*, New York 1988.

Althoff, Gert, *Selig sind, die Verfolgung ausüben. Päpste und Gewalt im Hochmittelalter*, Stuttgart 2013.

Altmann, Viktoria, *Die Kultfrevel des Seth – Die Gefährdung der göttlichen Ordnung in zwei Vernichtungsritualen der ägyptischen Spätzeit* (Urk. VI), Wiesbaden 2010.

Ammann, Sonja, *Götter für die Toren* (BZAW 466), Berlin 2015.

Assmann, Aleida, *Ist die Zeit aus den Fugen? Aufstieg und Fall des Zeitregimes der Moderne*, München 2013.

Assmann, Aleida, *Zeit und Tradition. Kulturelle Strategien der Dauer*, Köln/Weimar/Wien 1999.

Assmann, Jan, *Ägypten – eine Sinngeschichte*, München 1996.

Assmann, Jan, *Die Mosaische Unterscheidung oder Der Preis des Monotheismus*, München 2003.

Assmann, Jan, *Herrschaft und Heil. Politische Theologie in Altägypten, Israel und Europa*, München 2000.

Assmann, Jan, »Gotteszorn und Apokalypse. Über den Ernstfall totaler Religionen«, in: *Zeitschrift für Ideengeschichte* VI/3, 2012, 67–82.

Assmann, Jan, »Martyrdom, Violence, and Immortality: The Origins of a Religious Complex«, in: Gabriela Signori (Hg.), *Dying for the Faith, Killing for the Faith. Old-Testament Faith-Warriors (1 and 2 Maccabees) in Historical Perspective*, Leiden/Boston 2012, 39–59.

Assmann, Jan, »Martyrium, Gewalt, Unsterblichkeit. Die Ursprünge eines religiösen Syndroms«, in: Jan-Heiner Tück (Hg.), *Sterben für Gott – Töten für Gott? Religion, Martyrium und Gewalt*, Freiburg 2015, 122–147.

Assmann, Jan, »Translating Gods. Religion as a factor of cultural (in) translatability«, in: Sanford Budick, Wolfgang Iser (Hg.), *Translatability of Cultures. Figurations of the Space Between*, Stanford 1996, 25–36.

Assmann, Jan, »Inscriptional Violence and the Art of Cursing: A Study of Performative Writing«, in: *Stanford Literature Review* Spring 1992, 43–65.

Assmann, Jan, *Das kulturelle Gedächtnis. Schrift, Erinnerung und politische Identität in frühen Hochkulturen*, München 1992.

Assmann, Jan, Dietrich Harth (Hg.), *Kultur und Konflikt*, Frankfurt 1990.

Assmann, Jan, *Exodus. Die Revolution der Alten Welt*, München 2015.

Assmann, Jan, *Religio Duplex. Ägyptische Mysterien und europäische Aufklärung*, Berlin 2010.

Assmann, Jan, Theo Sundermeier (Hg.), *Die Erfindung des inneren Menschen*, Gütersloh 1993.

Aurnhammer, Achim, Giulia Cantarutti, Friedrich Vollhardt (Hg.), *Die drei Ringe. Entstehung, Wandel und Wirkung der Ringparabel in der europäischen Literatur und Kultur*, Berlin/Boston 2016.

Baltzer, Klaus, Das *Bundesformular*, Neukirchen, 2. Aufl. 1964.

Barth, Karl, *Wolfgang Amadeus Mozart*, Zürich, 13. Aufl. 1987.

Bauks, Michaela, Bibellexikon (http://www.bibelwissenschaft.de/stichwort/15357/).

Baumgarten, Albert I., »Russian-Jewish Ideas in German Dress: Elias Bickerman on the Hellenizing Reformers in Jewish Antiquity«, in: Jörg Schulte et al. (Hg.), *The Russian-Jewish Diaspora and European Culture 1917–1937*, Leiden/Boston 2012, 73–108.

Baumgarten, Albert I., *Elias Bickerman as a Historian of the Jews. A Twentieth Century Tale*, Tübingen 2010.

Baumgarten, Albert I., *The Flourishing of Sects in the Maccabaean Era*, Leiden 1972.

Berlejung, Angelika, *Die Theologie der Bilder* (OBO 162), Fribourg/Göttingen 1998.

Bickermann, Elias, *Der Gott der Makkabäer. Untersuchungen über Sinn und Ursprung der makkabäischen Erhebung*, Berlin 1937.

Böckenförde, Ernst-Wolfgang, »Das Politische im Zeitalter der Systemtheorie. Eine neue Generation übernimmt die Carl-Schmitt-Debatte«, in: *FAZ*, 5.3.1996, 39.

Bonhoeffer, Dietrich, *Widerstand und Ergebung*, Dietrich Bonhoeffer Werkausgabe Bd. 8, Gütersloh 1998.

Burschel, Peter, Christoph Marx (Hg.), *Reinheit*, Wien 2011.

Conrad, Dieter, »Der Begriff des Politischen, die Gewalt und Gandhis gewaltlose politische Aktion«, in: Jan Assmann, Dietrich Harth (Hg.), *Kultur und Konflikt*, Frankfurt 1990, 72–112.

Crüsemann, Frank, *Die Tora. Theologie und Sozialgeschichte des alttestamentlichen Gesetzes*, München 1992.

Deist, Ferdinand E., »The Dangers of Deuteronomy. A Page of the Reception History of the Book«, in: F. Garcia Martinez et al. (Hg.), *Studies in Deuteronomy in Honour of C. J. Labuschagne*, Leiden 1994, 13–29.

Delling, Gerhard, *Die Bewältigung der Diasporasituation durch das hellenistische Judentum*, Berlin 1987.

Dreyfus, F. »La condescendance divine (*synkatabasis*) comme principe herméneutique de l'Ancien Testament dans la tradition juive et dans la tradition chrétienne«, *Suppl. to Vetus Testamentum 36* (1985), 96–107.

Ebach, Jürgen, *Das Erbe der Gewalt. Eine biblische Realität und ihre Wirkungsgeschichte*, Gütersloh 1980.

Elßner, Thomas R.,Theresia Heither, *Die Homilien des Origenes zum Buch Josua. Die Kriege Josuas als Heilswirken Jesu*, Stuttgart 2006.

Faulkner, Raymond O., *The Papyrus Bremner Rhind (B.M. No. 10188),* Bibliotheca Aegyptiaca III, Brüssel 1933.

Fiedler, Norman, *Sprüche gegen Seth. Bemerkungen zu drei späten Tempelritualen*, Diss. Heidelberg 2011.

Finley, Moses I., »The Ancient Greeks and their Nation«, in: Ders., *The Use and Abuse of History*, London 1975, 120–133.

Finsterbusch, Karin, *Deuteronomium. Eine Einführung* (UTB 3626), Göttingen 2012.

Frankel, David, *The Murmuring Stories of the Priestly School. A Retrieval of Ancient Sacerdotal Lore. VT Suppl.* 89, Leiden 2002.

Frei, Peter, Klaus Koch, *Reichsidee und Reichsorganisation im Perserreich* (OBO 55), Fribourg 1984.

Freud, Sigmund, *Der Mann Moses und die monotheistische Religion*, Amsterdam 1939; Neuausgabe hg. von Jan Assmann, Stuttgart 2010.

Goethe, Johann Wolfgang von, »Israel in der Wüste«, in: Noten und Abhandlungen zum West-Östlichen Diwan, *West-östlicher Divan*, hg. von Hendrik Birus, Berlin 2010, 229–248.

Goethe, Johann Wolfgang von, »Aus Makariens Archiv«, in: *Werke*, Hamburger Ausgabe, Bd. 8, München 1981.

Grevemeyer, Jan-Heeren (Hg.), *Traditionale Gesellschaften und europäischer Kolonialismus*, Frankfurt 1981.

Grillmeyer, Siegfried, Erik Müller-Zähringer, Johanna Rahner (Hg.),

Eins im Eifer? Monismus, Monotheismus und Gewalt, Würzburg 2010.

Gruen, Erich S., *Heritage and Hellenism. The Reinvention of Jewish Tradition*, Berkeley 1998.

Halbertal, Moshe, Avishai Margalit, *Idolatry*, Cambridge, Mass. 1992.

Hartwich, Wolf-Daniel, *Die Sendung Moses. Von der Aufklärung bis Thomas Mann*, München 1997.

Hengel, Martin, *Die Zeloten* (WUNT 283), hg. von Roland Deines. Claus-Jürgen Thornton, Tübingen [3]2011.

Hengel, Martin, *Judentum und Hellenismus. Studien zu ihrer Begegnung unter besonderer Berücksichtigung Palästinas bis zur Mitte des 2. Jhs. v. Chr.*, Tübingen [3]1988.

Hornung, Erik, *Echnaton. Die Religion des Lichts*, Zürich 1995.

Janowski, Bernd, »Psalm 106, 28–31 und die Interzession des Pinchas«, in: *VT* 33, 1983, 237–248.

Janowski, Bernd, *Ein Gott, der straft und tötet? Zwölf Fragen zum Gottesbild des Alten Testaments*, Neukirchen 2013.

Jeremias, Jörg, *Der Zorn Gottes im Alten Testament,* Neukirchen-Vluyn, [2]2011.

Keel, Othmar, »Der zu hohe Preis der Identität oder von den schmerzlichen Beziehungen zwischen Christentum, Judentum und kanaanäischer Religion«, in: Manfried Dietrich, Oswald Loretz (Hg.): *Ugarit. Ein ostmediterranes Kulturzentrum im Alten Orient* I, Münster 1995, 95–114.

Keel, Othmar, »Monotheismus – ein göttlicher Makel? Über eine allzu bequeme Anklage«, in: *NZZ,* 30./31.10.2004, 68.

Keel, Othmar, *Die Geschichte Jerusalems und die Entstehung des Monotheismus,* Fribourg/Göttingen 2007.

Keel, Othmar, *Kanaan – Israel – Christentum. Plädoyer für eine »vertikale« Ökumene*, Franz Delitzsch-Vorlesung 2001, Münster 2002.

Kessler, Rainer, »›Gesetze, die nicht gut waren‹. Eine Polemik gegen das Deuteronomium«, in: Friedhelm Hartenstein et al. (Hg.), *Schriftprophetie* (FS Jörg Jeremias), Neukirchen-Vluyn 2004, 253–263.

Kippenberg, Hans G., »Die jüdischen Überlieferungen als patrioi nomoi«, in: Richard Faber, Renate Schlesier (Hg.), *Die Restauration der Götter. Antike Religion und Neo-Paganismus,* Würzburg 1986, 45–60.

Kirsch, Jonathan, *God against the Gods*, New York 2004.

Koch, Christoph, *Vertrag, Treueid und Bund. Studien zur Rezeption des altorientalischen Vertragsrechts im Deuteronomium und zur Ausbildung der Bundestheologie im Alten Testament.* BZAW 383, Berlin/New York 2008.

Kratz, Reinhard G., *Reste hebräischen Heidentums am Beispiel der Psalmen,* Göttingen 2004.

Kratz, Reinhard G., *Translatio imperii. Untersuchungen zu den aramäischen Daniel-Erzählungen und ihrem theologie-geschichtlichen Umfeld* (WMANT 63), Neukirchen-Vluyn 1991.

Kreissig, Heinz, »Die Ursachen des ›Makkabäer‹-Aufstandes«, in: *Klio* 58 (1976), 249–253.

Krochmalnik, Daniel, »Kain – oder religiöse Gewalt und Judentum«, in: Siegfried Grillmeyer, Erik Müller-Zähringer, Johanna Rahner (Hg.), *Eins im Eifer? Monismus, Monotheismus und Gewalt*, Würzburg 2010, 43–58.

Krochmalnik, Daniel, »Der Sinn der Opfer«, in: *Der Landesverband der Israelitischen Kultusgemeinden in Bayern* 11 (Juni 1997), Nr. 73, 21–24.

Kuschel, Karl-Josef, *Vom Streit zum Wettstreit der Religionen*, Düsseldorf 1998.

Kuschel, Karl-Josef, *Im Ringen um den WAHREN RING. Lessings »Nathan der Weise« – eine Herausforderung der Religionen.* Ostfildern 2011.

Lactantius, L.Caelii Firmiani, *De Ira Dei Liber*/Laktanz: *Vom Zorne Gottes,* hg., übertragen und erläutert von Heinrich Kraft und Antonie Wlosok, Darmstadt 1957.

Lang, Bernhard, »Von der kriegerischen zur nativistischen Kultur. Das alte Israel im Lichte der Kulturanthropologie«, in: Ders.: *Buch der Kriege – Buch des Himmels. Kleine Schriften zur Exegese und Theologie*, Leuven 2011, 25–43.

Leclerc, Gerard, *Anthropologie und Kolonialismus*, München 1973.

LeClerc, Jean, *Historia Universalis a Creatione Mundi ad Caroli Magni Tempus*, 1696.

Lenzen, Verena, *Jüdisches Leben und Sterben im Namen Gottes*, München 1995.

Levenson, J. D., »Is there a Counterpart in the Hebrew Bible to New Testament Antisemitism?«, in: *JES* 22/2, 1985, 242–260.

Lewis, C. S., *The Allegory of Love*, Oxford 1958.

Lim, T. H., *The Formation of the Jewish Canon*, New Haven, CT 2013.

Luckmann, Thomas, »Kanon und Konversion«, in: Aleida und Jan Assmann (Hg.), *Kanon und Zensur*, München 1987, 38–46.

Luhmann, Niklas, »Rechtszwang und politische Gewalt«, in: *Ausdifferenzierung des Rechts. Beiträge zur Rechtssoziologie und Rechtstheorie,* Frankfurt 1981.

Lust, Johan, »Freud, Hosea, and the Murder of Moses«, in: *Ephemerides Theologicae Lovanienses* 01/1989; 65,1, 81–93.

Mendelssohn, Moses, »Jerusalem. Über religiöse Macht und Judentum« (1783) und »Vorrede zu Manasseh Ben Israels ›Rettung der Juden‹«. Nach den Erstausgaben neu ediert, kommentiert und mit einem Nachwort versehen von David Martyn, Bielefeld 2001.

Mendelssohn, Moses, *Schriften über Religion und Aufklärung*, hg. von Martina Thom, Berlin 1989.

Miggelbrink, Ralf, *Der zornige Gott. Die Bedeutung einer anstößigen biblischen Tradition*, Darmstadt 2002.

Mingana, Alphonse, *The Apology of Timothy the Patriarch before the Caliph Mahdi*, Aarhus 1999.

Molke, Christian, *Der Text der Mescha-Stele und die biblische Geschichtsschreibung. Beiträge zur Erforschung der antiken Moabitis (Arḍ el-Kerak 5),* Frankfurt u. a. 2006.

Momigliano, Arnaldo, *Alien Wisdom: The Limits of Hellenization*, Cambridge, 1975.

Moran, W. L.: »The Ancient Near Eastern Background of the Love of God«, in: Frederick E. Greenspahn (Hg.), *Essential Papers on Israel and the Ancient Near East*, New York 1991, 103–115.

Müller, Klaus »Gottes Zorn, der Menschen Eifer und die theologische Vernunft. Zu Peter Sloterdijks affektanalytischer Gotteskritik«, in: Magnus Striet (Hg.), *Wiederkehr des Atheismus. Fluch oder Segen für die Theologie?,* Freiburg 2008, 77–98.

Müller, Klaus, »Gewalt und Wahrheit. Zu Jan Assmanns Monotheismuskritik«, in: Peter Walter (Hg.), *Das Gewaltpotential des Monotheismus und der dreieine Gott*, Freiburg 2005, 74–82.

Mulsow, Martin, *Die drei Ringe*, Tübingen 2001.

Niewöhner, Friedrich, *Veritas sive Varietas*, Heidelberg 1988.

Nock, Arthur D., *Conversion. The Old and the New in Religion from Alexander the Great to Augustinus of Hippo*, Oxford 1933.

Otto, Eckart, *Das Deuteronomium*, Berlin 1999.

Perlitt, Lothar, *Bundestheologie im Alten Testament*, Neukirchen-Vluyn 1969.

Pomponio, Francesco, *Formule di maledizione della Mesopotamia preclassica*, Brescia 1990.

Pury, Albert de, »Erwägungen zu einem vorexilischen Stämmejahwismus. Hos 12 und die Auseinandersetzung um die Identität Israels und seines Gottes«, in: Walter Dietrich, Martin A. Klopfenstein (Hg.), *Ein Gott allein? JHWH-Verehrung und biblischer Monotheismus im Kontext der israelitischen und altorientalischen Religionsgeschichte.* (OBO 139), Fribourg/Göttingen 1994, 413–439.

Reinhard, Wolfgang, *Globalisierung des Christentums?* Schriften der phil.-hist.-Klasse der Heidelberger Akademie der Wissenschaften 41, Heidelberg 2007.

Römer, Thomas, »Exode et Anti-Exode: La nostalgie de l'Egypte dans les traditions du désert«, in: Ders. (Hg.), *Lectio difficilior probabilior? L'exégèse comme expérience de décloisonnement.* Beihefte zu den Dielheimer Blättern zum Alten Testament 12, Heidelberg 1991, 155–172.

Römer, Thomas, »Recherches actuelles sur le cycle d'Abraham«, in: André Wénin, (Hg.), *Studies in the Book of Genesis. Literature, Redaction and History* (BEThL CLV), Louvain 2001, 179–211.

Ruiten, J. van, P. Vandermeersch, »Psychoanalyse en historisch-kritische exegese. De actualiteit van Freud's book over Mozes«, in: *Tijdschrift voor Theologie* 34, 1994, 269–291.

Sacks, Jonathan, *The Dignity of Difference*, London 2002; dt.: *Wie wir den Krieg der Kulturen noch vermeiden können*, übersetzt von Bernardin Schellenberger, Gütersloh 2007.

Schäfer, Peter, »Das jüdische Monopol«, in: *Süddeutsche Zeitung*, 13.8.2004.

Schäfer, Peter, *Geschichte der Juden in der Antike. Die Juden Palästinas von Alexander dem Großen bis zur arabischen Eroberung*, Neukirchen-Vluyn 1983.

Schieder, Rolf, *Die Gewalt des Einen Gottes*, Berlin 2014.

Schieder, Rolf, *Sind Religionen gefährlich?*, Berlin 2008.

Schiffner, Karin, *Lukas liest Exodus. Eine Untersuchung zur Aufnahme ersttestamentlicher Befreiungsgeschichte im lukanischen Werk als Schrift-Lektüre* (BWANT IX.12), Stuttgart 2008.

Schmitt, Carl, *Der Begriff des Politischen. Text von 1932 mit einem Vorwort und drei Corollarien*, Berlin 1979.

Schmitt, Rüdiger, *Der »Heilige Krieg« im Pentateuch und im deuteronomistischen Geschichtswerk. Studien zur Forschungs-, Rezeptions- und Religionsgeschichte von Krieg und Bann im Alten Testament* (Alter Orient und Altes Testament 381), Münster 2011.

Schoeps, H.-J., »Die jüdischen Prophetenmorde«, in: *Aus frühchristlicher Zeit. Religionsgeschichtliche Untersuchungen*, Tübingen 1950.

Schulze, Reinhard, »Islamischer Puritanismus und die religiöse Gewalt«, in: Christine Abbt, Donata Schoeller (Hg.), *Im Zeichen der Religion. Gewalt und Friedfertigkeit in Christentum und Islam,* Frankfurt/New York 2008, 34–56.

Schwienhorst-Schönberger, Ludger, »Martyrium der Gewaltlosigkeit. Gibt es ein Makkabäer-Syndrom«, in: Jan-Heiner Tück (Hg.), *Sterben für Gott – Töten für Gott? Religion, Martyrium und Gewalt,* Freiburg 2015, 148–189.

Schwienhorst-Schönberger, Ludger, *Das Hohelied der Liebe*, Freiburg 2015.

Seibert, Peter *Die Charakteristik. Eine altägyptische Sprechsitte und ihre Ausprägungen in Folklore und Literatur*, Wiesbaden 1967.

Sellin, Ernst, »Hosea und das Martyrium des Mose«, in: *Zeitschrift für die alttestamentliche Wissenschaft* 46, 1928, 26–33.

Sellin, Ernst, *Mose und seine Bedeutung für die israelitisch-jüdische Religionsgeschichte*, Erlangen 1922.

Signori, Gabriela (Hg.), *Dying for the Faith, Killing for the Faith. Old-Testament Faith-Warriors (1 and 2 Maccabees) in Historical Perspective,* Leiden/Boston 2012.

Sloterdijk, Peter, *Gottes Eifer. Vom Kampf der drei Monotheismen*, Frankfurt 2007.

Sloterdijk, Peter, *Im Schatten des Sinai. Fußnote über Ursprünge und Wandlungen totaler Mitgliedschaft*, Berlin 2013.

Smith, Morton, *Palestinian Parties and Politics that Shaped the Old Testament,* New York 1971.

Southwood, Catherine E., *Ethnicity and the Mixed Marriage Crisis in Ezra 9–10. An Anthropological Approach*, Oxford 2012.

Spieckermann, Hermann, »›Ein Vater vieler Völker‹. Die Verheißungen an Abraham im Alten Testament«, in: Reinhard G. Kratz, Tilman Nagel (Hg.), *»Abraham unser Vater«. Die gemeinsamen Wurzeln von Judentum, Christentum und Islam*, Göttingen 2003, 8–21.

Staubli, Thomas, »Antikanaanismus. Ein biblisches Reinheitskonzept

mit globalen Folgen«, in: Peter Burschel, Christoph Marx (Hg.), *Reinheit*, Wien 2011, 349–388.
Steck, Odil Hannes, *Israel und das gewaltsame Geschick der Propheten. Untersuchungen zur Überlieferung des deuteronomistischen Geschichtsbildes im Alten Testament, Spätjudentum und Urchristentum* (WMANT 23), Neukirchen-Vluyn 1967.
Steymans, Hans Ulrich, *Deuteronomium 28 und die adê zur Thronfolgeregelung Asarhaddons. Segen und Fluch im Alten Orient und in Israel* (OBO 145), Fribourg/Göttingen 1995.
Steymans, Hans-Ulrich, »Götterpolemik«, in: *Bibellexikon* (https://www.bibelwissenschaft.de/stichwort/19736/).
Stroumsa, Gedaliahu Guy, *A New Science. The Discovery of Religion in the Age of Reason*, Cambridge, Mass. 2010.

Taubes, Jacob, *Die politische Theologie des Paulus*, München 1993.
Tcherikover, Victor, *Hellenistic Civilization and the Jews*, Philadelphia 1959.
Thiel, Winfried, Die Rede vom »Bund« in den Prophetenbüchern, *ThV* 9 (1977) 1, 1–36.
Thonhauser, Johannes, *Das Unbehagen am Monotheismus. Der Glaube an den einen Gott als Ursprung religiöser Gewalt? Eine aktuelle Debatte um Jan Assmanns Thesen zur »Mosaischen Unterscheidung«*, Marburg 2008.
Tilly, Michael, *Erstes Makkabäerbuch* (Herders Theologischer Kommentar zum AT), Freiburg 2015.
Tück, Jan-Heiner, »Erklingt in Bach die Wahrheit des Christentums?«, in: *NZZ*, 11.7.2015.
Tück, Jan-Heiner (Hg.), *Sterben für Gott – Töten für Gott? Religion, Martyrium und Gewalt*, Freiburg 2015.

Uehlinger, Christoph, »Du culte des images à son interdit«, in: *Le Monde de la bible* 110 (April 1998), 52–63.
Uehlinger, Christoph, »The ›Canaanites‹ and Other ›Pre-Israelite‹ Peoples in Story and History«, in: *Freiburger Zeitschrift für Philosophie und Theologie* 46 (1999), 546–578, und 47 (2000), 173–198.

Vandier, Jacques, *Le Papyrus Jumilhac*, Paris 1960.

Wagner, Andreas (Hg.), *Primäre und sekundäre Religion als Kategorie der Religionsgeschichte des Alten Testaments*, Berlin/New York 2006.

Walzer, Michael, *Exodus and Revolution*, New York 1985; dt.: *Exodus und Revolution*, Berlin 1988.

Weinrich, Harald, *Lethe. Kunst und Kritik des Vergessens*, München 1997.

Weippert, Manfred *Historisches Textbuch zum Alten Testament,* Göttingen 2010.

Weippert, Manfred, »›Heiliger Krieg‹ in Israel und Assyrien. Kritische Anmerkungen zu Gerhard von Rads Konzept des Heiligen Krieges im Alten Israel«, in: Ders., *Jahwe und die anderen Götter. Studien zur Religionsgeschichte des antiken Israel in ihrem syrisch-palästinensischen Kontext* (FAT 18), Tübingen 1997, 71–97.

Weippert, Manfred, *Jahwe und die anderen Götter. Studien zur Religionsgeschichte des antiken Israel in ihrem syrisch-palästinensischen Kontext* (FAT 18), Tübingen 1997.

Weitzman, Steven, *Plotting Antiochus's Persecution*, in: *JBL* 123/2 (2004), 219–234.

Weltecke, Dorothea, »Müssen monotheistische Religionen intolerant sein?«, in: Rolf Schieder (Hg.), *Die Gewalt des Einen Gottes. Die Monotheismus-Debatte*, Berlin 2014, 301–323.

Westerink, Herman, *A Dark Trace, Sigmund Freud on the Sense of Guilt*, Leuven 2009.

Westermann, Claus, »Boten des Zorns. Der Begriff des Zornes Gottes in der Prophetie«, in: *Die Boten und die Botschaft. Festschrift für Hans Walter Wolff* (hg. von Jörg Jeremias und Lothar Perlitt), Neukirchen 1981, 147–156.

Wieckenberg, Ernst-Peter, *Johan Melchior Goeze,* Hamburg 2007.

Zander, Helmut, *Europäische Religionsgeschichte. Religiöse Zugehörigkeit durch Entscheidung – Konsequenzen im interkulturellen Vergleich,* Berlin/Boston 2016.